GO AND MAKE DISCIPLES

A NATIONAL PLAN AND STRATEGY FOR CATHOLIC EVANGELIZATION IN THE UNITED STATES

VAYAN Y HAGAN DISCÍPULOS

PLAN Y ESTRATEGIA NACIONAL PARA LA EVANGELIZACIÓN CATÓLICA EN LOS ESTADOS UNIDOS

Our Sunday Visitor
Huntington, Indiana

United States Conference of Catholic Bishops

En marzo de 1990, el Comité de Evangelización de la National Conference of Catholic Bishops (NCCB) presentó planes al Comité de Administración de la NCCB para desarrollar un plan y estrategia nacional para la evangelización. Después de realizar una amplia consulta con las diócesis, conferencias católicas estaduales, comunidades religiosas y organizaciones nacionales, el Comité de Evangelización sometió un borrador final a la asamblea plenaria de la NCCB. *Vayan y Hagan Discípulos: Plan y Estrategia Nacional para la Evangelización Católica en los Estados* Unidos fue aprobado el 18 de noviembre de 1992, y su publicación fue autorizada por el secretario general. En conmemoración del décimo aniversario de esta publicación en noviembre de 2002, el abajo firmante autorizó la publicación de esta edición.

Mons. William P. Fay
Secretario General
USCCB

En 2001 la National Conference of Catholic Bishops y la United States Catholic Conference se hizo la United States Conference of Catholic Bishops.

Arte de la tapa: Pentecost icon by Sr. Marie-Paul Farran, O.S.B.; © Monastère des Bénédictines du Mont des Oliviers. The Printery House, Conception, Missouri, exclusive U.S. agent.

Las citas de los documentos del Vaticano han sido tomadas de la página web oficial del Vaticano.

Primera impresión, junio de 2002
Edición digital, junio de 2021
Impresión actual, 2023, publicado por OSV, Our Sunday VIsitor, Inc., 200 Noll Plaza,
Huntington, IN 46750; www.osv.com; 1-800-348-2440

In March 1990, the Committee on Evangelization of the National Conference of Catholic Bishops (NCCB) presented plans to develop a national plan and strategy for evangelization to the NCCB Administrative Committee. After conducting a broad consultation with dioceses, state Catholic conferences, religious communities, and national organizations, the Committee on Evangelization submitted a final draft to the plenary assembly of the NCCB. *Go and Make Disciples: A National Plan and Strategy for Catholic Evangelization in the United States* was approved on November 18, 1992, and was authorized for publication by the General Secretary. In commemoration of the tenth anniversary of this publication in November 2002, the undersigned authorized the publication of this edition.

Msgr. William P. Fay
General Secretary
USCCB

In 2001 the National Conference of Catholic Bishops and United States Catholic Conference became the United States Conference of Catholic Bishops.

First printing, June 2002
Digital edition, June 2021
Current printing, 2023, published by OSV, Our Sunday VIsitor, Inc., 200 Noll Plaza, Huntington, IN 46750; www.osv.com; 1-800-348-2440

ISBN: 978-1-63966-137-4 (Inventory no. T2853)

PRINTED IN THE UNITED STATES OF AMERICA

Contenido

Dedicatoria vi

Prólogo a la Edición Por El Décimo Aniversario. viii

Parte I: Una Visión de la Evangelización Católica 4

- Introducción 4
- ¿En Qué Consiste la Evangelización? 6
- ¿Por Qué Evangelizamos? 16
- ¿De Qué Forma Ocurre la Evangelización? 20
- Nuestras Metas 26
- ¿Por Qué Promulgamos Este Plan Ahora? 32
- Guiados por el Espíritu 34

Parte II: Metas y Estrategias 38

- Cómo Usar Este Plan y Esta Estrategia 40
- El Contexto de las Metas 42
- Presentación de las Metas 48
  - Meta I y sus Objetivos 48
  - Meta II y sus Objetivos 56
  - Meta III y sus Objetivos 64
- Una Invitación 70
- Estructuras para la Implementación 72
- Oración Final 78

Recursos 80

Notas 84

CONTENTS

DEDICATION vii

FOREWORD TO THE TENTH ANNIVERSARY EDITION. ix

PART I: A VISION OF CATHOLIC EVANGELIZATION. 5
- Introduction 5
- What Is Evangelization? 7
- Why We Evangelize 17
- How Evangelization Happens 21
- Our Goals 27
- Why We Are Issuing the Plan Now 33
- Led in the Spirit 35

PART II: GOALS AND STRATEGIES 39
- How to Use This Plan and Strategy 41
- The Context of the Goals 43
- Presentation of the Goals 49
  - Goal I and Its Objectives. 49
  - Goal II and Its Objectives 57
  - Goal III and Its Objectives 65
- An Invitation 71
- Structures for Implementation 73
- A Concluding Prayer 79

RESOURCES 81

NOTES 85

DEDICATORIA

El Padre Alvin Illig, CSP, dedicó su vida a la tarea que el Papa Pablo VI llamó "la misión esencial de la Iglesia". Tocado por el Espíritu Santo, el Padre Illig se afanó en difundir el Evangelio de Jesucristo y la verdad de la fe católica antes de que la evangelización fuera ampliamente aceptada como un deber. Él nos enseñó el camino.

Al Padre Illig se le conoce mejor como el director fundador de la Paulist National Catholic Evangelization Association (Asociación Nacional Paulista para la Evangelización Católica). Sin embargo, él también se desempeñó como el primer director ejecutivo del Comité de Evangelización de la National Conference of Catholic Bishops, de 1977 a 1982, haciendo todo lo que estaba a su alcance para asegurar que la Iglesia entera en los Estados Unidos viviera y predicara la Buena Nueva.

Fue el generoso apoyo del Padre Illig el que permitió al comité escribir este Plan y Estrategia Nacional. En reconocimiento a su servicio a la Iglesia y a la causa de la evangelización católica, le dedicamos este Plan. Que sirva como una conmemoración digna a alguien que fue siempre fiel al Señor.

DEDICATION

Fr. Alvin Illig, CSP, devoted his life to the task that Pope Paul VI called "the essential mission of the Church." Touched by the Holy Spirit, he labored to spread the Gospel of Jesus Christ and the truth of the Catholic faith before the duty to evangelize was widely accepted. He led the way for the rest of us.

Fr. Illig is best known as founding director of the Paulist National Catholic Evangelization Association. However, he also served as first executive director of the National Conference of Catholic Bishops' Committee on Evangelization from 1977 to 1982, doing everything in his power to ensure that the whole Church in the United States lived and preached the Good News.

It was Fr. Illig's generous support that enabled the committee to write this National Plan and Strategy. In recognition of his service to the Church and to the cause of Catholic evangelization, we hereby dedicate it to him. May it serve as a fitting memorial to one ever faithful to the Lord.

Prólogo a la Edición por el Décimo Aniversario

A mediados de los años noventa del siglo pasado, entregué a los miembros del Consejo Pastoral Diocesano Yakima (Wash.) el documento *Vayan y Hagan Discípulos*. Después de estar dando vueltas a lo que esta publicación significaría para los católicos de la parte central del estado de Washington, una mujer me dijo que jamás había leído documento tan importante e inspirador. El hacerlo la cambió, así como la actitud que tenía hacia los documentos de la conferencia de los obispos católicos de los Estados Unidos.

Han pasado diez años desde que los obispos de los Estados Unidos publicaron *Vayan y Hagan Discípulos*. A pesar de que existe mucha evidencia de que el plan y la estrategia delineados en esta publicación han puesto en alerta a los católicos sobre la necesidad de evangelizar, de la responsabilidad que en ello tienen y de lo que dicha misión requiere, apenas estamos comenzando a implementarla en nuestras parroquias y nuestras diócesis.

La celebración inspiradora del Año del Jubileo 2000 bajo el liderazgo del Santo Padre ha tenido como resultado, creo, que nuestros corazones estén listos para responder de manera renovada al llamado con el que comenzó su pontificado en 1978: "¡Abran de par en par sus puertas a Cristo! . . . Ayuden al Papa y a todos aquellos que desean servir a Cristo . . . a servir a la persona humana y a toda la humanidad" (22 de octubre de 1978). Con la celebración del aniversario 2000 del natalicio de Jesús, se ha profundizado nuestro encuentro con Él y de nueva cuenta hemos sido tocados por el amor de Dios, que su hijo trajo a nuestras vidas. La frescura de la verdad que Jesús inauguró no ha disminuido en estos dos mil años. Es tan duradera como siempre. "Jesucristo es la fundación y el centro de la historia; Él es el significado y la meta última" (Juan Pablo II, *Novo Millenio Ineunte*, no. 5).

Gracias a que hemos contemplado a Cristo de manera viva en la observancia del Jubileo, estamos más conscientes que nunca de que debemos proclamarlo. Estamos obligados a comprometernos a dar testimonio de nuestra fe en Él. Para pasar del jubileo a esta misión, podemos usar *Vayan y Hagan Discípulos*. En este documento tenemos un instrumento de formación y acción que hoy día es aún más oportuno que cuando apareció por primera vez. Esta evangelización considera aún todas estas metas: conversión personal a Cristo; compartir todos sus dones con su cuerpo, la Iglesia; transformar la sociedad a través del poder del Evangelio.

Foreword to the Tenth Anniversary Edition

In the mid-nineties of the last century, I gave *Go and Make Disciples* to the members of the Yakima (Wash.) Diocesan Pastoral Council. After wrestling with what it might mean for Catholics in central Washington state, one woman told me that she had never read such an important and inspiring document. It changed her and also changed her whole attitude toward documents from the U.S. bishops' conference.

It has been nearly ten years since the U.S. bishops published *Go and Make Disciples*. While there is much evidence that the plan and strategy outlined in this publication have alerted Catholics to the need for evangelization and to their responsibility for it and have informed them about what it should entail, we are still only beginning to implement it in our parishes and dioceses.

The inspiring celebration of the Year of Jubilee 2000 under the leadership of the Holy Father has, I believe, readied our hearts to respond anew to the appeal with which he began his pontificate in 1978: "Open wide the doors to Christ! . . . Help the Pope and all those who wish to serve Christ . . . to serve the human person and the whole of mankind" (October 22, 1978). As we have celebrated the two-thousandth anniversary of the birth of Jesus, our encounter with him has deepened, and we have again been touched by the love of God brought into our lives by his Son. Two thousand years have not diminished the freshness of the truth that Jesus inaugurated. It is as enduring as ever, for "Christ is the foundation and center of history; he is its meaning and ultimate goal" (John Paul II, *Novo Millenio Ineunte* [*At the Close of the Great Jubilee of the Year 2000*], no. 5).

Because we have contemplated Christ vividly in the Jubilee Year observances, we are more aware than ever that we must proclaim him. We are impelled to commit ourselves to give witness to our faith in him. To pass from jubilee to mission, we can use *Go and Make Disciples*. In it we have an instrument of formation and action that is even more timely today than when it first appeared. Evangelization still covers all these goals: personal conversion to Christ; sharing all his gifts in his Body, the Church; transforming society by the power of the Gospel.

Por esto los motivos para la evangelización son más urgentes que nunca. Uno piensa en el día en que Jesús, viendo la necesidad de alimento que tenía la gente, respondió diciendo a sus apóstoles "No tienen necesidad de irse; denles ustedes de comer" (Mt 14:16). Lo mismo nos dice a aquellos que hemos recibido la riqueza de sus dones de gracia, verdad y vida eterna. A nuestro alrededor existen personas que están hambrientas de fe y amor, de esperanza y significado en sus vidas. Debido a lo mucho que el Señor Jesús ha hecho por nosotros, no podemos rehusarnos a compartir los dones que hemos recibido.

Dichos dones son necesarios para la salvación, en este mundo y en el mundo por venir. A través de su muerte y resurrección, Jesús obtuvo la salvación para nosotros. El suyo fue un sacrificio de obediencia perfecta al deseo de su Padre eterno. Como cabeza de toda la familia humana, sufrió por nosotros la muerte para que pudiéramos vivir; sin embargo, la vida que obtuvo para nosotros no funciona sin nuestra cooperación, sin nuestra participación en ella. Cada uno de nosotros tiene que aceptar lo que Cristo nos ofrece. Para que las gracias, de las cuales Él es la fuente, se nos puedan impartir, cada uno de nosotros tiene que hacer contacto vital con el sacrificio de la Cruz. Es cierto, Dios puede hacer posible la santidad de muchas maneras: en los impulsos ocultos de la gracia que mueven el corazón humano hacia la fe, en las aspiraciones de otras filosofías y creencias de fe. Sin embargo, de hecho, Dios nos ha dado los medios que Él ha escogido para obtener la salvación. Él nos ofrece tanto el don como los medios para obtenerla. Dios ha hecho claro que, en su plan, la Iglesia Católica y los sacramentos de gracia que se encuentran en ella, son los medios ordinarios necesarios para la salvación. En la Iglesia, se puede escuchar la palabra del Evangelio que despierta la fe, así como encontrar al Salvador resucitado que comparte con nosotros su vida. La Buena Nueva de Cristo y de sus dones debe ser llevada a todos los estratos de la sociedad, y su Iglesia debe implantarse en todo lugar para hacer posible que la salvación esté disponible a todos.

More pressing than ever are the motives for evangelization. One thinks of that day on which Jesus saw the people in need of food and responded by telling his apostles, "There is no need for them to go away; give them some food yourselves" (Mt 14:16). He says the same thing to us who have been made rich by his gifts of grace, truth, and eternal life. All around us people are starving for faith and love, for hope and meaning in their lives. Because the Lord Jesus has done so much for us, we cannot refuse to share the gifts we have been given.

They are gifts necessary for salvation, in this world and in the world to come. Through his death and resurrection, Jesus has won salvation for us. His was a sacrifice of perfect obedience to the will of his eternal Father. As the head of the whole human family, he suffered death for us so that we might live; yet the life he won does not work without the cooperation made possible by our participation in it. Each one of us has to accept what Christ offers us. Each one of us has to come into vital contact with the sacrifice of the Cross so that the grace of which it is the source might be imparted to us. True, God can make holiness possible in all sorts of ways—in the hidden impulses of grace that move the human heart to faith, in the aspirations of other philosophies and faiths. Yet, in fact, God has given us his chosen means of obtaining salvation. He offers both the gift and the means of obtaining it. God has made clear that, in his plan, the Catholic Church and the sacraments of grace to be found in it are the ordinary necessary means of salvation. In the Church, the Gospel that awakens faith can be heard and the risen Savior who shares his life with us can be encountered. The Good News of Christ and his gifts must be brought to all strata of society, and his Church must be implanted in every place to make salvation readily available to all.

Espero que el documento *Vayan y Hagan Discípulos* sea retomado por todos los pastores y su gente, por los catequistas, por todos los que participan en la educación en la fe y en proyectos de evangelización, y por aquellos que sirven en parroquias y ministerios diocesanos. Es un instrumento que nadie se puede dar el lujo de pasar por alto. Si adoptamos sus metas de manera inteligente y de todo corazón, y seguimos la estrategia que propone, deberemos ser administradores fieles de los dones que Jesús nos ha dado en su Iglesia.

Pido porque este espléndido documento estimule a cada uno de nosotros a participar en la tarea de evangelización con el espíritu que emana del consejo que el Papa Juan Pablo II dio recientemente:

> Que Cristo sea el centro de su existencia y de su misión. ¡Luchen por conseguir la santidad! Si sucede que como discípulos, trabajan con mucho esfuerzo sin tener éxito, transformen esa experiencia, aparentemente frustrada, en una ocasión valiosa de oración y crecimiento espiritual. Los retos de la presente época son muchos y los medios para hacerle frente no siempre son adecuados. Los problemas y los obstáculos no son siempre, sin embargo, una causa para desalentarnos; por el contrario nos piden de manera urgente abrir nuestro corazón a la gracia divina, que fortalecida por la palabra de Dios, puedan esparcir el gozo y la renovación del Evangelio con su presencia y su acción. (13 de septiembre de 2001)

Francis Cardenal George, OMI
Arzobispo de Chicago
29 de septiembre de 2001

I hope that *Go and Make Disciples* will be taken up by all pastors and their people in the Church in the United States, by catechists, by all engaged in education in the faith and in projects of evangelization, and by those who serve in parish and diocesan ministries nationwide. It is an instrument none can afford to overlook. If we adopt its goals intelligently and wholeheartedly and follow the strategy it proposes, we shall be faithful stewards of the gifts that Jesus has given us in his Church.

May this fine document stimulate each of us to the task of evangelization in the spirit of the advice given recently by Pope John Paul II:

> May Christ be the center of your lives and your mission. Strive for holiness! If you should happen, like the disciples, to spend yourselves without success (cf. Lk 5: 4-6), transform this apparently frustrating experience into a precious occasion to pray and mature spiritually. The challenges of today are many and the means at our disposal to face them do not always seem adequate. Do not let the problems, the obstacles discourage you. On the contrary, may they force you to open your hearts to divine grace so that, with the strength of the word of Christ, you can sow the joy and newness of the Gospel with your presence and your action. (September 13, 2001)

Francis Cardinal George, OMI
Archbishop of Chicago
September 29, 2001

GO AND MAKE DISCIPLES

A National Plan and Strategy for Catholic Evangelization in the United States

Vayan y Hagan Discípulos

Plan y Estrategia Nacional para la Evangelización Católica en los Estados Unidos

"Por eso, vayan y hagan que todos los pueblos sean mis discípulos. Bautícenlos, en el Nombre del Padre y del Hijo y del Espíritu Santo, y enséñenles a cumplir todo lo que yo les he encomendado. Yo estoy con ustedes todos los días hasta que se termine este mundo".

(Mt 28:19-20)

"Vine a traer fuego a la tierra, ¡y cuánto desearía que ya estuviera ardiendo!"

(Lc 12:49)

1. Jesús vino a traer fuego al mundo y ese fuego aún arde hoy. En las Escrituras tenemos a Bartimeo, ciego y pidiendo limosna a orillas del camino; él oye de Jesús, y no deja de gritar hasta que Jesús se detiene para sanarlo. Una vez sano, él se pone a caminar con Jesús.[1] Y el centurion anónimo, quien ni siquiera es judío, y cuyo sirviente se está muriendo dice, "No soy merecedor". El mandato de Jesús salva la vida del sirviente, y la profunda fe del centurión asombra inclusive a Jesús.[2] Tenemos también a la mujer de Samaria que va al pozo por agua. Después de conocer a Jesús y sentir su bondad, ella abre su alma y su dolor a él. ¡No sólo cree sino que siente que tiene que decir la Buena Nueva a otros también![3] Y tenemos a los amigos de Jesús, la familia de María, Marta y Lázaro; las hermanas recibían a Jesús en su casa con frecuencia y, al morir Lázaro, Jesús lloró, pero luego puso a un lado sus lágrimas y lo resucitó. Eso hizo que muchos creyeran.[4] Cada una de estas personas, a quien Cristo Jesús tocó, respondieron a él y así pasaron a ser parte de la historia de salvación.

2. Hemos escuchado éstos y muchos otros relatos del Evangelio de Jesús, domingo tras domingo, en la Misa; en las lecturas de las Escrituras y cuando las compartimos; en las palabras que las madres y los padres dicen a sus hijos; en la meditación íntima de nuestra oración, y en la celebración de los sacramentos. Por medio del poder y la verdad de estos relatos y por el generoso don de la gracia, nos hemos convertido en discípulos de Jesús.

3. Los hemos escuchado y no nos dejarán descansar. Esas palabras arden y nos hacen sentir su fuego.

> "Go, therefore, and make disciples of all nations, baptizing them in the name of the Father, and of the Son, and of the holy Spirit, teaching them to observe all that I have commanded you. And behold, I am with you always, until the end of the age."
>
> (Mt 28:19-20)

> "I have come to set the earth on fire, and how I wish it were already blazing!"
>
> (Lk 12:49)

1. Jesus set the world on fire, and that blaze goes on even today. In the Gospels there is Bartimaeus, blind and begging on the roadside; he hears of Jesus and, no matter what, will not stop shouting until Jesus stops to heal him. Once healed, he follows Jesus.[1] And the unnamed centurion, not even a Jew, whose servant is dying: "I am not worthy," he says. Jesus' command saves the servant's life—and the depth of the centurion's faith astonishes even Jesus.[2] There is also the woman of Samaria who goes to get water; after she meets Jesus and feels his kindness, she opens her soul and her pain to him. Not only does she believe—she must tell others the Good News as well![3] And there are Jesus' friends, the family of Mary, Martha, and Lazarus: the sisters would often welcome Jesus into their house; and when Lazarus died, Jesus wept, but then he put his tears aside and raised him. This caused many to believe.[4] Each of these people, touched by Christ Jesus, responded to him and so became part of the story of salvation.

2. We have heard these and so many other gospel stories of Jesus Sunday after Sunday at church, in our own reading and sharing of Scriptures, in the words mothers and fathers tell their children, in the private meditation of our prayer, and in the celebration of the sacraments. We have become, through the power and truth of these stories, and through the free gift of grace, disciples of Jesus.

3. We have heard them, and they will not let us rest. They burn, and they still set us ablaze!

Parte I. Una Visión de la Evangelización Católica

Introducción

4. Les presentamos a ustedes, nuestras hermanas y hermanos católicos, este plan y estrategia de evangelización porque el fuego de Jesús sigue ardiendo hoy. Nosotros, sus hermanos y obispos, profesamos nuestra fe en Cristo Jesús, en la revelación que es él, en el reino que él proclamó, y en la Iglesia que él fundó. Proclamamos que, a través de nuestra fe, la historia de Cristo continúa y que nuestras vidas, como creyentes, son parte de la historia de la salvación.

5. Les decimos nosotros como obispos que Dios ha tocado nuestras vidas en Jesús, nos
ha dotado con su Espíritu, dado salvación y esperanza, e invitado a ser testigos de su amor.

6. Sabemos, asimismo, que esto es verdad respecto a ustedes: han recibido el Espíritu de Cristo Jesús, quién trae salvación y esperanza; sus vidas son un testimonio de fe. Ya sea que usted fuera bautizado de niño o haya ingresado a la Iglesia ya de adulto, la suya es una historia de fe. Ya sea que viva su fe con sencillez o tenga un importante ministerio público, la suya es una historia de fe. Ya sea que tenga instrucción primaria del catecismo o que tenga un título en teología, la suya es una historia
de fe.

7. Todos nosotros tenemos –y somos– historias de fe, porque a través del Espíritu, el Evangelio de Jesucristo nos arrastra a proclamar su Palabra y Jesús nos toca en la celebración de sus sacramentos. Cuando esto sucede en forma verdadera, su amor nos hace arder.

Part I. A Vision of Catholic Evangelization

Introduction

4. We present to you, our Catholic sisters and brothers, this plan and strategy of evangelization because the fire of Jesus burns even today. We, your brothers and your bishops, profess our faith in Christ Jesus, in the revelation that he is in the kingdom that he proclaimed, and in the Church that he founded. We proclaim that, through our faith, the stories of Christ continue and that our lives are part of the story of salvation.

5. We say about ourselves as bishops that God has touched our lives in Jesus, bestowed his Spirit, given us salvation and hope, and called us to live in witness to his love.

6. We know this is true of you as well: you have received the Spirit of Christ Jesus, which brings salvation and hope; your lives are a witness of faith. Whether you were baptized as a child or joined the Church as an adult, you have a story of faith. Whether you sincerely live your faith in quiet or have a great public ministry, you have a story of faith. Whether you have a grade-school knowledge of the Catechism or have a theological degree, you have a story of faith.

7. We all have—and are—stories of faith, for through the Spirit, the Gospel of Jesus Christ takes hold of us in the proclamation of his Word, and Jesus touches us in the celebration of his sacraments. When this genuinely happens, we are all set ablaze by his love.

8. Podemos comprender la evangelización a la luz de esas historias de fe: por ejemplo, cómo hemos sido transformados por el poder de la Palabra de Cristo y los sacramentos y cómo tenemos un papel esencial de compartir esa fe a través de nuestras vidas diarias como creyentes. Vista de esta manera, la evangelización es todo lo que somos. Ser parte de la historia de la salvación es todo lo que es la fe. La evangelización es la misión esencial de la Iglesia.[5]

9. Al comenzar este plan y estrategia, nos volvemos en oración al Espíritu Santo, para así recibir la guía necesaria para hacer arder los corazones de los católicos en los Estados Unidos con el deseo de traer el Evangelio de Jesús en su plenitud a todas las personas de nuestra tierra.

¿En Qué Consiste la Evangelización?

10. La forma más sencilla de expresar lo que significa la evangelización es siguiendo lo dicho por el Papa Pablo VI, cuyo mensaje *Evangelii Nuntiandi* (*La Evangelización en el Mundo Contemporáneo*) ha sido recientemente motivo de reflexión y acción en la Iglesia. Podemos parafrasear sus palabras diciendo que evangelizar significa llevar la Buena Nueva de Jesús a cada situación humana y buscar de la conversión de los individuos y la sociedad por medio del poder divino del Evangelio mismo.[6] La esencia del mensaje está en la proclamación de la salvación en Jesucristo y la respuesta de una persona en la fe, que son, ambas, obras del Espíritu de Dios.

11. La evangelización debe estar siempre unida directamente al Señor Jesucristo. "No hay evangelización verdadera, mientras no se anuncie el nombre, la doctrina, la vida, las promesas, el reino, el misterio de Jesús de Nazaret, Hijo de Dios".[7]

Conversión

12. La conversión es el cambio de nuestra vida la cual se hace realidad a través del poder del Espíritu Santo. Todos aquellos que aceptamos el Evangelio sufrimos cambios a medida que nos revestimos con la mente de Cristo al rechazar el pecado y nos convertimos en más fieles discípulos en su Iglesia. Si no experimentamos conversión, no hemos aceptado realmente el Evangelio.

8. We can understand evangelization in light of these stories of faith: namely, how we have been changed by the power of Christ's word and sacraments and how we have an essential role in sharing that faith through our daily lives as believers. Looked at this way, evangelization is what we are all about! Being involved in the story of salvation is what faith is all about! Evangelization is the essential mission of the Church.[5]

9. As we begin this plan and strategy, we turn in prayer to the Holy Spirit, that we may receive the guidance we need to set the hearts of Catholics in the United States on fire with a desire to bring the Gospel of Jesus, in its fullness, to all the people of our land.

What Is Evangelization?

10. The simplest way to say what evangelization means is to follow Pope Paul VI, whose message *Evangelii Nuntiandi* (*On Evangelization in the Modern World*) has inspired so much recent thought and activity in the Church. We can rephrase his words to say that evangelizing means bringing the Good News of Jesus into every human situation and seeking to convert individuals and society by the divine power of the Gospel itself.[6] At its essence are the proclamation of salvation in Jesus Christ and the response of a person in faith, which are both works of the Spirit of God.

11. Evangelization must always be directly connected to the Lord Jesus Christ. "There is no true evangelization if the name, the teaching, the life, the promises, the Kingdom and the mystery of Jesus of Nazareth, the Son of God are not proclaimed."[7]

Conversion

12. Conversion is the change of our lives that comes about through the power of the Holy Spirit. All who accept the Gospel undergo change as we continually put on the mind of Christ by rejecting sin and becoming more faithful disciples in his Church. Unless we undergo conversion, we have not truly accepted the Gospel.

13. Sabemos que la gente experimenta la conversión en muchas formas. Algunos sienten un repentino descubrimiento que ocasiona una rápida transformación. Otros experimentan un crecimiento paulatino con el pasar de los años. Otros sienten la conversión al tomar parte en el Rito de Iniciación Cristiana de Adultos, medio por el cual la mayoría de los adultos pasan a formar parte de la Iglesia hoy en día. Muchos experimentan la conversión a través de las relaciones diarias con su familia y amigos. Otros la han experimentado a través de la formación recibida en escuelas católicas y programas de educación religiosa. Aún otros han experimentado una conversión continua a través de encuentros de renovación, encuentros ecuménicos, retiros, misiones en la parroquia o a través de algunos de los grandes movimientos espirituales que bendicen la vida de la Iglesia hoy día.

14. Esto es sumamente importante: ¡Tenemos que convertirnos y tenemos que continuar convirtiéndonos! ¡Debemos dejar que el Espíritu Santo cambie nuestras vidas! Debemos responder a Jesucristo. Y debemos estar abiertos al poder transformador del Espíritu Santo que continuará convirtiéndonos a medida que sigamos a Cristo. Si nuestra fe está viva, ésta se despertará una y otra vez al alcanzar la madurez como discípulos.

15. Solamente podemos compartir lo que hemos recibido y sólo podemos conservar nuestra fe si ésta continúa creciendo. "Y si la sal se vuelve desabrida", preguntó Jesús, "¿con qué se le puede devolver el sabor?"[8]

Los Individuos y la Sociedad

16. La continuación de la historia de salvación en Cristo requiere de cada uno de nosotros así como de la sociedad misma. ¿De qué otra forma podría ser? La conversión habla de un cambio en el modo de pensar que debemos experimentar como miembros de la Iglesia. El Evangelio habla a través del tiempo y del espacio a cada ser humano, a cada mente, a cada corazón. Nos pregunta qué pensamos sobre nuestras vidas, cómo esperamos, a quién amamos y por qué razón vivimos. Si la fe no está transformando cada corazón y cada vida, la fe está muerta.

13. We know that people experience conversion in many ways. Some experience a sudden, shattering insight that brings rapid transformation. Some experience a gradual growth over many years. Others undergo conversion as they take part in the Rite of Christian Initiation of Adults—the normal way adults become members of the Church today. Many experience conversion through the ordinary relationships of family and friends. Others have experienced it through the formation received from Catholic schools and religious education programs. Still others have experienced ongoing conversion in renewals, ecumenical encounters, retreats, parish missions, or through some of the great spiritual movements that have blessed church life today.

14. This is crucial: we must be converted—and we must continue to be converted! We must let the Holy Spirit change our lives! We must respond to Jesus Christ. And we must be open to the transforming power of the Holy Spirit who will continue to convert us as we follow Christ. If our faith is alive, it will be aroused again and again as we mature as disciples.

15. We can only share what we have received; we can hold on to our faith only if it continues to grow. "But if salt loses its taste," Jesus asked, "with what can it be seasoned?"[8]

Individuals and Society

16. The continuing story of salvation in Christ involves each of us one by one as well as society itself. How else could it be? Conversion speaks of the change of heart that, as a member of the Church, each one must undergo. The Gospel speaks across time and space to each human being, each mind, each heart. It asks us what we think about our lives, how we hope, whom we love, and what we live for. If faith is not transforming each heart and life, it is dead.

17. Pero la fe no es algo que sucede solamente dentro de cada uno de nosotros en forma individual o íntima. El Evangelio también se dirige a la sociedad misma con sus valores, metas y sistemas. El Evangelio debe hacer rebosar cada corazón hasta que la presencia de Dios transforme toda la existencia humana. Algunas veces esto significa que, como creyentes, debemos enfrentar el mundo como los profetas de antaño, señalando los reclamos de Dios a las sociedades que están ciegas a Dios. Con frecuencia, sin embargo, esto significa que debemos dejar que nuestra fe brille en el mundo a nuestro alrededor,emanando el amor de Jesús, en nuestra forma diaria de hablar, pensar y actuar.

18. Los frutos de la evangelización son unas vidas y un mundo transformados: santidad y justicia, espiritualidad y paz. La validez de haber aceptado el Evangelio no solamente proviene de nuestros sentimientos y conocimientos sino de la forma en que servimos a otros, especialmente al más necesitado, al más marginal, al que más sufre, al más indefenso, al menos amado. Una evangelización que se queda dentro de nosotros no es una evangelización en la Buena Nueva de Jesucristo.

La Fuerza del Evangelio Mismo

19. La evangelización sucede cuando la palabra de Jesús le habla al corazón y a la mente de las personas. La evangelización no necesita de subterfugios ni manipulación y ocurre sólo cuando la gente acepta el Evangelio libremente, como la "buena nueva" que debe ser, gracias al poder del mensaje del Evangelio y la gracia de Dios que le acompaña.

20. Nuestro mensaje de fe proclama un Dios eternamente fiel, quien crea todo con amor y lo mantiene todo con un cuidado esmerado. Proclamamos que Dios, con su amor incondicional, nos ofrece una vida divina, aun en presencia de nuestros pecados, fallas y faltas. Creemos en Dios, quien se hizo uno de nosotros en Jesús, hijo de Dios, y cuya muerte y resurrección nos trae salvación. Creemos que el Cristo resucitado envía su Espíritu sobre nosotros cuando respondemos a él en fe y arrepentimiento, haciendo de nosotros su pueblo, la Iglesia, dándonos el poder de vida nueva y guiándonos al destino eterno.

17. But faith is not something that only happens to each of us individually or privately, within ourselves. The Gospel also speaks to society itself, with its values, goals, and systems. The Gospel must overflow from each heart until the presence of God transforms all human existence. Sometimes this means that, as believers, we must confront the world as did the prophets of old, pointing out the claims of God to societies that are blind to God. More often, however, this means that we must let our faith shine on the world around us, radiating the love of Jesus by the everyday way we speak, think, and act.

18. The fruits of evangelization are changed lives and a changed world—holiness and justice, spirituality and peace. The validity of our having accepted the Gospel does not only come from what we feel or what we know; it comes also from the way we serve others, especially the poorest, the most marginal, the most hurting, the most defenseless, and the least loved. An evangelization that stays inside ourselves is not an evangelization into the Good News of Jesus Christ.

The Force of the Gospel Itself

19. Evangelization happens when the word of Jesus speaks to people's hearts and minds. Needing no trickery or manipulation, evangelization can happen only when people accept the Gospel freely, as the "good news" it is meant to be, because of the power of the gospel message and the accompanying grace of God.

20. Our message of faith proclaims an eternally faithful God, creating all in love and sustaining all with gracious care. We proclaim that God, whose love is unconditional, offers us divine life even in the face of our sins, failures, and inadequacies. We believe in a God who became one of us in Jesus, God's Son, whose death and resurrection bring us salvation. We believe that the risen Christ sends his own Spirit upon us when we respond to him in faith and repentance, making us his people, the Church, and giving us the power of new life and guiding us to our eternal destiny.

21. Este mensaje del Evangelio nos da una visión diferente de lo que es la vida. Vemos un patrón de amor, esperanza y significado, porque la relación íntima con Dios, en la cual fuimos creados y que perdimos por el pecado, ha sido restaurada por Jesús cuya muerte ha destruido nuestra muerte y cuya resurrección nos da la promesa de vida eterna.[9] No vemos un mundo de fuerzas ciegas gobernadas al azar, sino un universo creado para compartir la vida de Dios; sabemos que seguir a Jesús significa comenzar a compartir la vida de Dios aquí y ahora. No consideramos que el propósito de la vida sea el acumular poder o riquezas, sino una invitación grata a vivir por Dios y por el prójimo en amor. No pensamos que lo que creemos sea posible, pero sabemos que el Espíritu de Dios siempre hace posible nuevas cosas, aun la renovación de la humanidad. No sólo deseamos años de vida feliz, sino una vida eterna de felicidad en Dios. En nuestra fe, descubrimos el plan eterno de Dios, desde el primer momento de la creación hasta el momento en que la creación alcance su realización en el cielo, dándoles significado a nuestras vidas humanas.

22. Esta visión que compartimos es el poder de la Buena Nueva. Al motivarnos, nosotros creemos en su capacidad de motivar, por su belleza y verdad, a todos lo que honestamente buscan a Dios. ¡Qué diferente sería nuestro mundo si todos pudiesen aceptar la Buena Nueva de Jesús y compartir la visión de fe!

Otras Implicaciones

23. La evangelización tiene pues un sentido interior y otro exterior. *Internamente*, nos llama a continuar recibiendo el Evangelio de Jesucristo, nuestra conversión como individuos y como Iglesia. Nos alimenta, nos hace crecer y nos renueva en santidad como el pueblo de Dios. *Externamente*, la evangelización se dirige a aquellos que no han escuchado el Evangelio o a quienes, habiéndolo escuchado, han dejado de practicar su fe, y a aquellos que buscan una plenitud de fe. Nos llama a trabajar por la comunión total entre todos los que creen en Jesús pero aún no se dan cuenta de la unidad por la que él oró. El Papa Juan Pablo II, en su encíclica sobre la actividad misionera, resumió los tres objetivos de la misión: proclamar el Evangelio a todos los pueblos; llevar a cabo la nueva conversión de aquellos que han recibido el Evangelio pero lo viven sólo de nombre, y profundizar el Evangelio en las vidas de los creyentes.[10]

21. This gospel message gives us a different vision of what life is about. We see a pattern of love, hope, and meaning because the intimate relationship with God in which we were created, lost through sin, has been restored by Jesus, whose death has destroyed our death and whose resurrection gives us the promise of eternal life.[9] We do not see a world of blind forces ruled by chance, but a universe created to share God's life; we know that following Jesus means we begin to share God's life here and now. We do not view life's purpose as the gathering of power or riches, but as the gracious invitation to live for God and others in love. We do not calculate what we think is possible, but rather, know the Spirit of God always makes new things possible, even the renewal of humanity. We do not merely look for many years of contented life, but for an unending life of happiness with God. In our faith, we discover God's eternal plan, from creation's first moment to creation's fulfillment in heaven, giving meaning to our human lives.

22. This vision we share is the power of the Good News. As it compels us, we believe it can compel, by its beauty and truth, all who sincerely seek God. How different our world would be if everyone could accept the Good News of Jesus and share the vision of faith!

Other Implications

23. Evangelization, then, has both an inward and an outward direction. *Inwardly* it calls for our continued receiving of the Gospel of Jesus Christ, our ongoing conversion both individually and as Church. It nurtures us, makes us grow, and renews us in holiness as God's people. *Outwardly* evangelization addresses those who have not heard the Gospel or who, having heard it, have stopped practicing their faith, and those who seek the fullness of faith. It calls us to work for full communion among all who confess Jesus but do not yet realize the unity for which Christ prayed. Pope John Paul II, in his encyclical on missionary activity, summed up the three objectives of mission: to proclaim the Gospel to all people; to help bring about the reconversion of those who have received the Gospel but live it only nominally; and to deepen the Gospel in the lives of believers.[10]

24. Sabemos que la palabra "evangelización" algunas veces hace surgir imágenes no muy agradables para los católicos, especialmente dentro de la cultura de los Estados Unidos, donde la palabra evangelismo ha cobrado un sentido individualista o una prédica entusiasta, o un estilo de religión masiva o manipulación para reclutar adeptos o, lo que es peor, una forma de aprovecharse de las debilidades humanas. Aun así, usamos la palabra "evangelización" porque su raíz es el "Evangelio" (Buena Nueva) y porque nos llama, de una forma no necesariamente grata, a vivir la fe de nuestro bautismo más abiertamente y a compartirla con más frecuencia.

25. Deseamos aclarar que la evangelización significa algo especial para nosotros como católicos. Podemos darnos cuenta de ello al ver lo que sucede a la gente que ha sido evangelizada. No sólo están relacionados con Jesús al aceptar su Evangelio y recibir su Espíritu, aun más, sus vidas cambian al convertirse en sus discípulos, o sea, participantes en la Iglesia, celebrando el amor de Dios en el culto y sirviendo a otros como lo hizo Jesús.[11]

26. Algunos piensan en la evangelización solamente en relación a Jesús y a nuestra relación con él. Sin embargo, nuestra relación con Jesús existe en función a nuestra relación con la comunidad de Jesús –la Iglesia. El camino a Cristo es a través de la comunidad en la que él vive. ¿No dijo Jesús acaso, "Estoy con ustedes . . . hasta que se termine este mundo"[12] y "cuando lo hicieron con alguno de estos más pequeños, que son mis hermanos, lo hicieron conmigo"?[13] ¿No fue acaso Jesús el que encontró a Pablo camino a Damasco y le dijo que él vivía en sus seguidores perseguidos, la Iglesia?[14] Jesús está presente en sus discípulos y en medio de ellos, el pueblo de Dios.

27. La evangelización tiene pues diferentes implicaciones dependiendo de nuestra relación con Jesús y su Iglesia. Para aquellos de nosotros que practicamos y vivimos nuestra fe católica, es un llamado para continuar creciendo y renovándonos en la conversión. Para aquellos que la han aceptado sólo de nombre, es un llamado a la reevangelización. Para aquellos que han dejado de practicar su fe, es un llamado a la reconciliación. Para los niños, es un llamado a ser formados como discípulos a través de la vida de fe de la familia y de la educación religiosa. Para los demás cristianos, es una invitación a conocer la plenitud de nuestro mensaje. Para los que no profesan fe alguna, es un llamado a la conversión, a conocer a Jesuscristo y, por lo tanto, a sentir un cambio hacia una nueva vida con Cristo y su Iglesia.

24. We know that the word "evangelization" sometimes raises uncomfortable images for Catholics—especially in the culture of the United States, where evangelism has sometimes meant only an individual response to enthusiastic preaching, a style of mass religion, a contrived way to recruit new members, or, at its worst, a way to play on people's needs. Still, we use the word "evangelization" because its root meaning is "Gospel" (Good News) and because it calls us, even if it is uncomfortable, to live the faith of our baptism more openly and to share it more freely.

25. We want to make it clear that evangelization means something special for us as Catholics. We can see what it means by looking at what happens to evangelized people. Not only are they related to Jesus by accepting his Gospel and receiving his Spirit; even more, their lives are changed by becoming disciples, that is, participants in the Church, celebrating God's love in worship and serving others as Jesus did.[11]

26. Some might think of evangelization solely in terms of Jesus and our relationship with him. Yet our relationship with Jesus is found in our relationship with the community of Jesus—the Church. The way to Christ is through the community in which he lives. Did not Jesus say, "I am with you always"[12] and "Whatever you did for one of these least [brothers and sisters of mine], you did for me"?[13] Did not the Jesus who met Paul on the road to Damascus say that he lived in his persecuted followers, the Church?[14] Jesus is present in and among his disciples, the People of God.

27. Evangelization, then, has different implications depending on our relationship to Jesus and his Church. For those of us who practice and live our Catholic faith, it is a call to ongoing growth and renewed conversion. For those who have accepted it only in name, it is a call to re-evangelization. For those who have stopped practicing their faith, it is a call to reconciliation. For children, it is a call to be formed into disciples through the family's faith life and religious education. For other Christians, it is an invitation to know the fullness of our message. For those who have no faith, it is a call to conversion to know Christ Jesus and thus experience a change to new life with Christ and his Church.

¿Por Qué Evangelizamos?

28. Debemos evangelizar porque el Señor Jesús nos lo pidió así. Él dio a la Iglesia la tarea eterna de evangelizar como una fuerza sin descanso, para exaltar y estimular todas sus acciones hasta que todos los pueblos hayan escuchado su Buena Nueva y hasta que cada persona se haya convertido en su discípulo.[15]

29. El Señor nos ordenó evangelizar porque la salvación se ofrece a cada persona en él. Además de ser santo y profeta, Jesús es la Palabra de Dios Encarnada,[16] la verdadera huella,[17] el poder y la sabiduría de Dios.[18] Él es nuestro Salvador. Haciéndose como nosotros y aceptando nuestra naturaleza humana,[19] él enfrenta en sí mismo, en su muerte y resurrección, lo quebrantado de nuestras vidas. Él sufre a través de nuestro pecado, siente nuestro dolor, conoce la sed de nuestra muerte; él acepta los límites de nuestra vida humana llevándonos más allá de esos límites. "Se humilló y se hizo obediente hasta la muerte, y muerte en una cruz. Por eso Dios lo engrandeció".[20] Enfrentándose con nuestra muerte como Salvador, Jesús resucitó a la vida. En Cristo todos llegamos a conocer que el pecado, la frialdad, la indiferencia, la desolación y la duda de nuestras vidas son vencidos al encontrarse Dios con nuestra naturaleza humana y al llevarnos a una vida nueva. En él, y sólo en él, está la promesa de resurrección y vida nueva.

EVANGELIZAMOS PARA QUE LA SALVACIÓN DE CRISTO JESÚS, LA CUAL TRANSFORMA NUESTRAS VIDAS HUMANAS, TRAIGA AL MAYOR NÚMERO POSIBLE DE PERSONAS A LA VIDA PROMETIDA DE ETERNA FELICIDAD EN EL CIELO.

30. Evangelizamos porque hay que llevar al mundo la salvación que Jesús, el Señor, ofrece dentro y a través de la Iglesia. Mientras que reconocemos que la gracia de Dios está misteriosamente presente en todas las vidas, el mundo a menudo resiste esta gracia. Rechaza el cambio y el arrepentimiento. Evangelizamos para que la salvación de Cristo Jesús, la cual transforma nuestras vidas humanas, traiga al mayor número posible de personas a la vida prometida de eterna felicidad en el cielo.

31. Jesús nos ordenó evangelizar también para traer esclarecimiento y rescatar al mundo del error. El Señor Jesús, "el camino, la verdad y la vida",[21] vino a nosotros como un maestro, que abre a la sabiduría, que no sólo conduce a la vida eterna sino que también lleva a la realización humana, que refleja la dignidad y el misterio de nuestra naturaleza. A menos que las personas se percaten de la grandeza para la cual han sido creadas, no les será posible alcanzar su plenitud y su vidas estarán incompletas. Tampoco sabrán que son llamadas a la unión interpersonal con Dios y con cada una. La unión íntima que Jesús reveló en su vida, ser uno con el Padre[22] y

Why We Evangelize

28. We must evangelize because the Lord Jesus commanded us to do so. He gave the Church the unending task of evangelizing as a restless power, to stir and to stimulate all its actions until all nations have heard his Good News and until every person has become his disciple.[15]

29. The Lord commanded us to evangelize because salvation is offered to every person in him. More than a holy figure or a prophet, Jesus is God's Word,[16] God's "very imprint,"[17] the power and wisdom of God.[18] He is our Savior. Becoming like us and accepting our human nature,[19] he addresses in himself, in his death and resurrection, the brokenness of our lives. He suffers through our sin; he feels our pain; he knows the thirst of our death; he accepts the limits of our human life so that he might bring us beyond those limits. "[H]e humbled himself, becoming obedient to death, even death on a cross. Because of this, God greatly exalted him! . . ."[20] Taking on our death as Savior, Jesus was raised to life. In Christ, all can come to know that the sin, the coldness, the indifference, the despair, and the doubt of our lives are overcome by God's taking on our human nature and leading us to new life. In him, and him alone, is the promise of resurrection and new life.

WE EVANGELIZE SO THAT THE SALVATION OF CHRIST JESUS, WHICH TRANSFORMS OUR HUMAN LIVES EVEN NOW, WILL BRING AS MANY AS POSSIBLE TO THE PROMISED LIFE OF UNENDING HAPPINESS IN HEAVEN.

30. We evangelize because people must be brought to the salvation that Jesus the Lord offers in and through the Church. While we acknowledge that the grace of God is mysteriously present in all lives, people all too often resist this grace. They refuse change and repentance. We evangelize so that the salvation of Christ Jesus, which transforms our human lives even now, will bring as many as possible to the promised life of unending happiness in heaven.

31. Jesus commanded us to evangelize, too, in order to bring enlightenment and lift people from error. The Lord Jesus, "the way and the truth and the life,"[21] came to us as a teacher, opening for us the wisdom that not only leads to life eternal but also leads to a human fulfillment that reflects the dignity and mystery of our nature. Unless people know the grandeur for which they are made, they cannot reach fulfillment and their lives will be incomplete. Nor will they know that they are called into interpersonal union with God and with each other. The intimate union that Jesus revealed in his life, being one with the Father[22] and rejoicing in the Holy Spirit,[23]

regocijarse en el Espíritu Santo,[23] puede colmar nuestras vidas. Esta es la unión en la cual Jesús desea que todos compartamos,[24] una unión cuya realización trae gran paz a pueblos, familias, sociedades y al mundo entero. La evangelización nos abre a la sabiduría de Cristo y a la unión personal con Dios y los demás.

32. El Señor nos dio un mensaje único. Todas las religiones no son simplemente versiones diferentes de una misma cosa. Conocer a Cristo Jesús y pertenecer a su Iglesia no es igual que creer en cualquier cosa y pertenecer a cualquier comunidad. El Papa Juan Pablo II ha indicado que, "A la par que reconoce que Dios ama a todos los hombres y les concede la posibilidad de salvarse (cf. 1 Tim 2:4), la Iglesia profesa que Dios ha constituido a Cristo como único mediador y que ella misma ha sido constituida como sacramento universal de salvación".[25] El clamor especial de nuestro mensaje no niega la sinceridad y la fe de otros; al mismo tiempo, la sinceridad y la fe de otros no detraen a la claridad ni a la veracidad de nuestro mensaje. Tal como nos lo recuerda el Papa Juan Pablo II, "Es necesario . . . mantener unidas estas dos verdades, o sea, la posibilidad real de la salvación en Cristo para [toda la humanidad] y la necesidad de la Iglesia en orden a esta misma salvación. Ambas verdades nos ayudan a comprender el único misterio salvífico".[26]

33. Finalmente, el Señor nos dio una razón más para evangelizar: nuestro amor por cada persona, cualquiera sea su situación, idioma, condición física, mental o social. Ya que hemos experimentado el amor de Cristo, lo queremos compartir. Los dones de Dios no son para ser guardados con nosotros. Como una gran redada de peces,[27] o una medida apretada y rebosante de harina,[28] nuestra fe hace que nuestros corazones rebosen del deseo amoroso de llevar a todos los pueblos al Evangelio de Jesús y a la mesa de la Eucaristía. Así como el deseo de Jesús era de reunir a todo Jerusalén, "como la gallina recoge a sus pollitos",[29] así nosotros también queremos reunir al mundo en el Reino de Dios proclamando el Evangelio "hasta los límites de la tierra".[30]

can envelop our lives. This is the union in which Jesus wishes all to share,[24] a union whose realization brings great peace to people, families, societies, and the world. Evangelization opens us to Christ's wisdom and personal union with God and others.

32. The Lord gave us a message that is unique. All faiths are not merely different versions of the same thing. Knowing Christ Jesus and belonging to his Church are not the same as believing anything else and belonging to any other community. Pope John Paul II has pointed out, "While acknowledging that God loves all people and grants them the possibility of being saved (cf. 1 Tm 2:4), the Church believes that God has established Christ as the one mediator and that she herself has been established as the universal sacrament of salvation."[25] The unique claim of our message does not negate the sincerity and faith of others; likewise, the sincerity and faith of others do not take away from the clarity and truth of our message. As Pope John Paul II reminds us, "It is necessary to keep these two truths together, namely, the real possibility of salvation in Christ for all humankind and the necessity of the Church for salvation. Both these truths help us to understand the one mystery of salvation."[26]

33. Finally, the Lord gave us yet another reason to evangelize: our love for every person, whatever his or her situation, language, physical, mental, or social condition. Because we have experienced the love of Christ, we want to share it. The gifts God has given to us are not gifts for ourselves. Like the large catch of fish[27] or the overflowing measure of flour,[28] faith makes our hearts abound with a love-filled desire to bring all people to Jesus' Gospel and to the table of the Eucharist. As Jesus wanted to gather all Jerusalem, "as a hen gathers her young,"[29] so also do we want to gather all people into God's kingdom, proclaiming the Gospel even "to the ends of the earth."[30]

¿De Qué Forma Ocurre la Evangelización?

34. El Espíritu Santo es el fuego de Jesús. El Espíritu, el primer don de Jesús Resucitado a su pueblo,[31] nos da a la vez la capacidad de recibir el Evangelio de Jesús y, como respuesta, el poder de proclamarlo. Sin el Espíritu Santo, la evangelización no puede ocurrir.[32] El Espíritu causa la evangelización en la vida de la Iglesia y en el compartir el Evangelio con otros.

En la Vida de la Iglesia

35. No podemos realmente hablar de la vida "diaria" de la Iglesia porque ella, en su totalidad, es el don de gracia del Espíritu Santo. Sin embargo, hay formas más conocidas a través de las cuales la evangelización se lleva a cabo: en la forma en que vivimos el amor de Dios en nuestra vida diaria; por el amor, ejemplo y apoyo que las personas se dan unas a otras; en la forma en que los padres pasan la fe a sus hijos; en nuestra vida como Iglesia a través de la proclamación de la Palabra y en la sincera celebración de los hechos salvíficos de Jesús; en los esfuerzos de renovación a nivel local y nacional; en el cuidado que damos a los más necesitados; en las formas en las que realizamos nuestro trabajo, compartimos con nuestros vecinos y tratamos al extranjero. En la vida diaria, los miembros de la familia se evangelizan el uno al otro, los hombres y mujeres a sus futuros cónyuges y los trabajadores a sus compañeros por las simples vidas de fe que llevan. A través de nuestros métodos diarios de vida católica, el Espíritu Santo trae consigo la conversión y una nueva vida en Cristo.

EL ESPÍRITU, EL PRIMER DON DE JESÚS RESUCITADO A SU PUEBLO, NOS DA Á LA VEZ LA CAPACIDAD DE RECIBIR EL EVANGELIO DE JESÚS Y, COMO RESPUESTA, EL PODER DE PROCLAMARLO.

36. He aquí dos elementos en acción: *testimonio*, el cual consiste en el simple vivir de la fe; y *compartir*, el cual consiste en anunciar la Buena Nueva de Jesús en una forma explícita.

37. Por cierto, nuestras familias, parroquias, asociaciones, escuelas, hospitales, obras benéficas e instituciones dan poderoso testimonio de la fe. Pero, ¿la comparten? ¿Lleva esa fe viviente a la conversión de las mentes y los corazones en Cristo Jesús? ¿Arde en ellos el fuego del Espíritu Santo? Este plan y estrategia quiere que los católicos en los Estados Unidos, ya sea en forma individual o como Iglesia, compartan mejor la Buena Nueva de Dios.

How Evangelization Happens

34. The Holy Spirit is the fire of Jesus. The Spirit, the first gift of the risen Christ to his people,[31] gives us both the ability to receive the Gospel of Jesus and, in response, the power to proclaim it. Without the Holy Spirit, evangelization simply cannot occur.[32] The Spirit brings about evangelization in the life of the Church and in the Church's sharing of the Gospel with others.

In the Life of the Church

35. We cannot really talk about the "ordinary" life of the Church because all of it is the graced gift of the Holy Spirit. Yet there are familiar ways by which evangelization happens: by the way we live God's love in our daily life; by the love, example, and support people give each other; by the ways parents pass faith on to their children; in our life as Church, through the proclamation of the Word and the wholehearted celebration of the saving deeds of Jesus; in renewal efforts of local and national scope; in the care we show to those most in need; and in the ways we go about our work, share with our neighbors, and treat the stranger. In daily life, family members evangelize each other; men and women, their future spouses; and workers, their fellow employees, by the simple lives of faith they lead. Through the ordinary patterns of our Catholic life, the Holy Spirit brings about conversion and a new life in Christ.

> THE SPIRIT, THE FIRST GIFT OF THE RISEN CHRIST TO HIS PEOPLE, GIVES US BOTH THE ABILITY TO RECEIVE THE GOSPEL OF JESUS AND, IN RESPONSE, THE POWER TO PROCLAIM IT.

36. Here, there are two elements at work: *witness*, which is the simple living of the faith; and *sharing*, which is spreading the Good News of Jesus in an explicit way.

37. Certainly, our families, parishes, associations, schools, hospitals, charitable works, and institutions give a powerful witness to the faith. But do they share it? Does their living faith lead to the conversion of minds and hearts to Jesus Christ? Does the fire of the Holy Spirit blaze in them? This plan and strategy aims to make Catholics in the United States, individually and as a Church, better sharers of God's Good News.

Compartiendo el Evangelio con Otros

38. El Espíritu Santo también evangeliza a través de nuestros intentos para llegar a aquellos que han dejado de practicar su fe católica por una u otra razón, y a aquellos que no pertenecen a familia de fe alguna. Muchos en nuestra comunidad católica conocen a miembros de su familia, amigos y vecinos que no tienen fe, ni la practican.

39. Millones de católicos ya no practican su fe. Aunque muchos de ellos todavía dicen que son católicos, no participan en el culto con la comunidad y, por ello, se privan de los dones de la Palabra y los sacramentos. Algunos, aparte de la niñez, no fueron formados en la fe. Algunos se han ido alejando por una u otra razón. Algunos se sienten alienados de la Iglesia por la forma en que perciben que la Iglesia imparte sus enseñanzas. Algunos se han alejado porque los representantes de la Iglesia no los trataron bien.

40. Como comunidad de fe queremos recibir a aquellos que quieren sentir nueva vida en la Buena Nueva de Jesús para hacer que sus vidas sean parte de la continua historia de la salvación, y que dejen que Cristo los toque, sane y reconcilie a través del Espíritu Santo. Queremos dejar saber a nuestros hermanos y hermanas que están inactivos, que ellos tienen un lugar en la Iglesia y que a nosotros nos afecta su ausencia –al igual que a ellos. Deseamos mostrar la pena que nos causa cualquier malentendido o maltrato. Y queremos ayudarles a ver que, sea cual fuere su forma de sentir respecto a la Iglesia, queremos hablarles, compartir con ellos y aceptarlos como hermanos y hermanas. Cada católico puede ser ministro de bienvenida, reconciliación y entendimiento para aquellos que han dejado de practicar la fe.

41. Nuestro plan también pide a los católicos que extiendan la mano a aquellos que no pertenecen a una comunidad de fe y que los inviten a considerar el poder del Evangelio de Jesús, el cual puede ser traído a sus vidas a través de la riqueza de la Iglesia Católica. Quizás ésta sea la más difícil de todas las tareas que nos pide la evangelización. Sin embargo, si alguna vez hemos visto el gozo de aquellos que son recibidos dentro de la Iglesia durante la Pascua, si hemos alguna vez experimentado el crecimiento de aquellos que pasan el Rito de Iniciación Cristiana de Adultos, si hemos visto alguna vez a alguien emocionarse con el Evangelio por primera vez en su vida, sabemos que esto es, en verdad, uno de los más dulces dones del Espíritu.

In Sharing the Gospel with Others

38. The Holy Spirit also evangelizes through our attempts to reach those who have given up the practice of their Catholic faith for one reason or another and those who have no family of faith. Many in our Catholic community know family members, friends, and neighbors who do not have or practice faith.

39. Millions of Catholics no longer practice their faith. Although many of them may say they are Catholic, they no longer worship with the community and thereby deprive themselves of the gifts of word and sacrament. Some were never formed in the faith after their childhood. Some have drifted away because of one or another issue. Some feel alienated from the Church because of the way they perceive the Church or its teaching. Some have left because they were mistreated by church representatives.

40. As a community of faith, we want to welcome these people to become alive in the Good News of Jesus, to make their lives more fully a part of the ongoing story of salvation and to let Christ touch, heal, and reconcile them through the Holy Spirit. We want to let our inactive brothers and sisters know that they always have a place in the Church and that we are hurt by their absence—as they are. We want to show our regret for any misunderstandings or mistreatment. And we want to help them see that, however they feel about the Church, we want to talk with them, share with them, and accept them as brothers and sisters. Every Catholic can be a minister of welcome, reconciliation, and understanding to those who have stopped practicing the faith.

41. Our plan also asks Catholics to reach out to those who do not belong to a faith community and to invite them to consider the power of the Gospel of Jesus, which the riches of the Catholic Church can bring into their lives. Perhaps this may seem the most difficult of all the tasks evangelization asks of us. Yet if we have once seen the joy of those received into the Church at Easter, if we have ever experienced the growth of those going through the Rite of Christian Initiation of Adults, if we have ever seen someone thrilled with the Gospel for the first time in his or her life, we know that this is, in truth, one of the sweetest gifts of the Spirit.

42. El Espíritu Santo, a través del movimiento ecuménico, está llamando a las iglesias y comunidades eclesiales a una comunión más profunda a través del diálogo y la cooperación. Esperamos ansiosamente el día cuando todos seamos miembros de una familia. Al mismo tiempo que reconocemos que la vida de otras comuniones cristianas pueden llevar a una vida de gracia, no podemos tampoco ignorar todo lo que aún nos divide. Nuestro amor por todos aquellos que reconocen a Cristo, y nuestro deseo por la unidad, nos compele a compartir la plenitud de la verdad revelada que Dios ha encomendado a la Iglesia Católica y aprender de ellas las expresiones de las verdades de la fe que otras iglesias y comunidades eclesiales comparten con la Iglesia Católica.

43. Aquellos que no han recibido el Evangelio merecen honra y respeto por seguir a Dios tal como les dicta su conciencia. Ellos están relacionados con el Pueblo de Dios en diversas formas. Primero están los judíos, el pueblo escogido con quien Dios celebró su alianza y promesas y el cual, en vista de su elección divina, es un pueblo sumamente querido de Dios.

44. Las personas de grupos no cristianos también tienen el derecho de escuchar el Evangelio tal como fue transmitido por los misioneros a través de los siglos. El plan de salvación de Dios también incluye a los musulmanes que profesan la fe de Abraham y, junto con nosotros, adoran a un solo Dios misericordioso. Y luego están aquellos que sin culpa ignoran el Evangelio de Cristo o su Iglesia, pero no obstante, buscan a Dios con un corazón sincero y tratan de cumplir con la voluntad de Dios como ellos la conocen. El diálogo interreligioso presenta una oportunidad para aprender las otras tradiciones religiosas y explicar las nuestras. Tal diálogo, sin embargo, nunca debe encubrir el proselitismo. Más bien, debe ser tratado con el mayor respeto y sensibilidad. Los católicos comparten intensamente su fe en Jesucristo, lo cual da significado a sus vidas, orando por ese día feliz, el cual sólo lo conoce Dios, cuando todos los pueblos se dirigirán a Dios en una sola voz y servirán a Dios en armonía.[33]

42. The Holy Spirit, through the ecumenical movement, is calling churches and ecclesial communities into ever-deeper communion through dialogue and cooperation. We look forward with great eagerness to the day when all are members of one family. While recognizing that the life of other Christian communions can truly bring about a life of grace, we nevertheless cannot ignore all that still divides us. Our love for all who confess Christ and our desire for unity compel us to share with them the fullness of revealed truth that God has entrusted to the Catholic Church and to learn from them expressions of the truths of faith that other churches and ecclesial communities share with the Catholic Church.

43. Those who have not received the Gospel deserve honor and respect for following God as their consciences direct them. They are related to the People of God in a variety of ways. First are the Jews, the Chosen People, to whom the covenants and promises were made and who, in view of the divine choice, are a people most dear to God.

44. People of other non-Christian religions also have the right to hear the Gospel, as missionaries have brought it over the centuries. God's plan of salvation also includes the Muslims who profess the faith of Abraham and, together with us, adore the one, merciful God. Then there are those who through no fault of their own do not know the Gospel of Christ or his Church but nevertheless seek God with sincere hearts and seek to do God's will as they know it. Interreligious dialogue presents an opportunity to learn about other religious traditions and to explain our own. Such dialogue, however, must never be a camouflage for proselytizing. Rather, it should be approached with utmost respect and sensitivity. Catholics earnestly share their faith in Jesus Christ, which gives meaning to their lives, praying for that good day, known to God alone, when all peoples will address the Lord in a single voice and serve God with one accord.[33]

Nuestras Metas

45. Nosotros, sus hermanos y sus obispos en la fe, proponemos tres metas como parte de este plan y estrategia para la evangelización católica en los Estados Unidos. Además nos comprometemos a trabajar por el cumplimiento de estas metas que nacen de nuestro entendimiento de la evangelización y como ésta se realiza. Ninguna de estas metas se presenta por sí sola; tomándolas juntas, ellas nos retan a la completa esfera de acción de la evangelización católica.

---

46. Meta I: Crear en todos los católicos tal entusiasmo por su fe que, viviendo su fe en Jesús, la compartan libremente con otros

---

47. Claramente, a menos que continuemos siendo evangelizados nosotros mismos y renovemos nuestro entusiasmo por nuestra fe y nuestra iglesia, no podemos evangelizar a otros. Debemos dar prioridad a la formación renovada y continua de la fe como lo esencial para profundizar nuestra relación personal con Jesús.

48. Estamos conscientes de que muchos católicos tienden a guardar su fe para sí mismos o a manifestarla solamente alrededor de otros católicos. Quizás nuestra herencia como inmigrantes y nuestra aceptación del pluralismo religioso nos vuelve tímidos para mostrar nuestra fe. Realmente, en las últimas décadas, también ha habido una disminución en la práctica de nuestra fe en público. Para muchos el fuego de la fe arde más fríamente de lo que debiera.

49. Sin embargo, no tenemos razón para ser tímidos acerca de la herencia de nuestra fe católica. Nosotros tenemos la Palabra de Dios mismo, conforme a lo revelado al pueblo judío y al testimonio de los discípulos sobre la obra de Dios en Jesús en las Sagradas Escrituras. Esta Palabra es la luz por la cual vivimos y vemos. Tenemos los sacramentos, especialmente la Eucaristía, los cuales Jesús dio a sus discípulos, medios de santidad y de crecimiento, de sanación y de salvación. Estos sacramentos nos unen a Dios en los momentos más conmovedores de la vida y nos trae a la unidad entre nosotros. Esta herencia de Palabra y sacramento ha dado luz, en cada generación de nuestros veinte siglos de vida católica, a un camino de santidad, a una forma de vida profundamente moral, a una variedad de jornadas espirituales y a numerosos santos. Esto lleva a los fieles seguidores de Cristo a la vida eterna.

Our Goals

45. We, your brothers and your bishops in the faith, propose three goals as part of this plan and strategy for Catholic evangelization in the United States. In addition, we pledge ourselves to work for the accomplishment of these goals, which spring from our understanding of evangelization and how it happened. None of these goals is presented by itself; taken together, they challenge us to the full scope of Catholic evangelization.

> ***46. Goal I: To bring about in all Catholics such an enthusiasm for their faith that, in living their faith in Jesus, they freely share it with others***

47. Clearly, unless we continue to be evangelized ourselves, with renewed enthusiasm for our faith and our Church, we cannot evangelize others. Priority must be given to continued and renewed formation in the faith as the basis of our deepening personal relationship with Jesus.

48. We are aware that many Catholics tend to keep their faith to themselves or to manifest it only around other Catholics. Perhaps our heritage as immigrants and our acknowledgment of religious pluralism make us shy in showing forth our faith. Certainly, there has been a decline in the public practice of our faith in recent decades. For many, the fire of faith burns cooler than it should.

49. Yet we have no reason to be shy about the heritage of our Catholic faith. We have God's own Word, formed through God's revelation to the Jewish people and the disciples' testimony of God's deeds in Jesus, in the Sacred Scriptures. This Word is the light by which we live and see. We have the sacraments, especially the Eucharist, that Jesus bequeathed to his disciples, means of holiness and growth, healing and salvation. These sacraments join us with God at life's most touching points and bring us into unity with each other. This heritage of word and sacrament has brought about, in every generation of our twenty centuries of Catholic life, a path of holiness, a profoundly moral way of life, a variety of spiritual journeys, and countless saints. It brings Christ's faithful followers to eternal life.

50. Esta herencia, nuestra Iglesia, es apostólica, viniendo en verdad del testimonio de los apóstoles, nuestra unidad intacta con el Obispo de Roma revela nuestra continuidad con la fe de Pedro y Pablo. Es *católica*, porque nuestra herencia se da no sólo para nosotros sino para todos, para el mundo, como una esperanza de que la humanidad esté un día reunida en el amor. Es *santa*, porque su fuente es Cristo quien es santo y quiere que todos los creyentes sean sus discípulos. Nuestra herencia es *una*, unificándonos en cada continente en una comunidad porque estamos unidos en nada menos que la realidad de Jesús a través de su Espíritu.

51. Nuestro gozo en esta herencia nos llama a ofrecerla como un legado, un tesoro que Dios otorga a cada persona que, tocada por el Espíritu, comienza a responder al llamado de Dios. Los instrumentos que han sido desarrollados a través de los tiempos, y el *Catecismo de la Iglesia Católica* nos ayudarán a pasar este legado a otros.

52. Esta primera meta nos llama al entusiasmo por todo lo que Dios nos ha dado en nuestra fe Católica. También fomenta la conversión continua dentro de la Iglesia Católica, que en su calidad de institución y comunidad de pueblos, continuamente la necesita.

---

53. *Meta II: Invitar a todas las personas en los Estados Unidos, sea cual fuere su condición social o cultural, a escuchar el mensaje de salvación en Jesucristo a fin de que se unan a nosotros en la plenitud de la fe católica*

---

54. Los católicos deben continuamente compartir el Evangelio con aquellos que no tienen una comunidad de iglesia, con aquellos que han dejado de participar activamente en la Iglesia Católica, así como dar la bienvenida a aquellos que buscan la comunión total con la Iglesia Católica. La única forma en que las personas pueden sentir si se les está invitando a conocer a Jesús en nuestra Iglesia, es que se les pida de manera real y efectiva, y que se tomen las medidas para su plena participación. Queremos que nuestras hermanas y hermanos católicos les pidan en forma efectiva y realmente los inviten.

55. Al mismo tiempo, nosotros los católicos no podemos proselitizar, o sea, manipular o presionar a nadie para que ingrese a nuestra Iglesia. Tales tácticas contradicen la Buena Nueva que anunciamos y socavan el espíritu de invitación que debe caracterizar la verdadera evangelización.

50. This heritage, our Church, is apostolic, coming as it does from the testimony of the apostles; our unbroken unity with the bishop of Rome reveals our continuity with the faith of Peter and Paul. It is *catholic*, for our heritage is given not only for us but also for all, for the world, as the hope of all humanity one day united in love. It is *holy*, because its source is Christ who is holy and insists that every believer also be a disciple. And our heritage is *one*, binding us in every continent into one community because we are bound in nothing less than the reality of Jesus through his Spirit.

51. Our joy in this heritage calls us to offer it as a legacy, a treasure God would bestow on everyone who, touched by the Spirit, begins to respond to God's call. The tools that have been developed over time and the *Catechism of the Catholic Church* will help us pass on this legacy to others.

52. This first goal calls us to an enthusiasm for all that God has given us in our Catholic faith. It also fosters ongoing conversion within the Catholic Church, which, as an institution and a community of people, continually needs it.

---

53. *Goal II: To invite all people in the United States, whatever their social or cultural background, to hear the message of salvation in Jesus Christ so they may come to join us in the fullness of the Catholic faith*

---

54. Catholics should continually share the Gospel with those who have no church community and with those who have given up active participation in the Catholic Church, as well as welcoming those seeking full communion with the Catholic Church. People can know they are invited to experience Jesus Christ in our Church only if they are really and effectively asked and if adequate provisions are made for their full participation. We want our Catholic brothers and sisters to effectively ask and to really invite.

55. At the same time, we Catholics cannot proselytize—that is, manipulate or pressure anyone to join our Church. Such tactics contradict the Good News we announce and undermine the spirit of invitation that should characterize all true evangelization.

56. Meta III: Fomentar los valores del Evangelio en nuestra sociedad, promoviendo la dignidad de la persona humana, la importancia de la familia y el bien común de nuestra sociedad, para que nuestra nación continúe siendo transformada por el poder salvífico de Jesucristo

57. Cuando la historia de Jesús sea realmente nuestra historia y sintamos su fuego, cuando la Buena Nueva sea el patrón de nuestras vidas, tanto en forma individual como en familia y en el hogar, así como en la Iglesia, su influencia se sentirá mucho más allá de nuestra Iglesia. El Papa Pablo VI nos enseñó que la evangelización transforma la cultura y que el Evangelio afecta y a veces altera los "criterios de juicio, los valores determinantes, los puntos de interés, las líneas de pensamiento, las fuentes inspiradoras y los modelos de vida" que conforman nuestro mundo cultural.[34]

58. No solamente debemos cada uno de nosotros vivir el Evangelio en forma personal, en la Iglesia, sino que nuestra fe debe tocar los valores de nuestro país, afirmando lo que es bueno y desafiando valientemente lo que no lo es. Los católicos celebramos la religiosidad instintiva de nuestra nación, el valor que tienen la libertad y la libertad religiosa, su apertura a nuevos inmigrantes y su idealismo inspirador. Para comenzar, si nuestra sociedad fuese menos abierta, seguramente no tendríamos la libertad de evangelizar. Por otra parte, a nuestro país se le culpa por su materialismo, sexismo, racismo, consumismo, su individualismo rampante, su ética del egoísmo y su desdén por el pobre y el débil, su desinterés por la vida humana, y su interminable búsqueda de modas pasajeras y placeres instantáneos.

59. Al contemplar tanto los ideales como las fallas de nuestra nación, los católicos necesitamos reconocer lo que nuestra fe católica, por todo lo que ha recibido de la cultura norteamericana, puede aún contribuir a nuestro país. A nivel de verdad, tenemos una enseñanza moral profunda y consistente basada en la dignidad y destino de cada persona creada por Dios. A nivel práctico, tenemos el testimonio de católicos estadounidenses que sirven a los más necesitados, en lo educativa, social, material y espiritual.

56. *Goal III: To foster gospel values in our society, promoting the dignity of the human person, the importance of the family, and the common good of our society, so that our nation may continue to be transformed by the saving power of Jesus Christ*

57. When the story of Jesus is truly our story, when we have caught his fire, when his Good News shapes our lives individually, as families and households, and as a Church, his influence will be felt far beyond our Church. Pope Paul VI taught us that evangelization transforms culture, that the Gospel affects and at times upsets the "criteria of judgment, determining values, points of interest, lines of thought, sources of inspiration and models of life" that make up our cultural world.[34]

58. Not only must each of us live the Gospel personally in the Church, but also our faith must touch the values of the United States, affirming what is good, courageously challenging what is not. Catholics applaud our nation's instinctual religiousness, its prizing of freedom and religious liberty, its openness to new immigrants, and its inspiring idealism. If our society were less open, indeed, we might not be free to evangelize in the first place. On the other hand, our country can be faulted for its materialism, its sexism, its racism, its consumerism, its individualism run wild, its ethic of selfishness, its neglect of the poor and weak, its disregard of human life, and its endless chase after empty fads and immediate pleasures.

59. Seeing both the ideals and the faults of our nation, we Catholics need to recognize how much our Catholic faith, for all it has received from American culture, still has to bring to life in our country. On the level of truth, we have a profound and consistent moral teaching based upon the dignity and destiny of every person created by God. On the practical level, we have the witness of American Catholics serving those most in need, educationally, socially, materially, and spiritually.

60. Esta meta exige resultados, no sólo en la forma en que evaluamos las cosas sino también en la forma en que llevamos la Buena Nueva a través de las obras de justicia, caridad y paz, la cual, por sí sola, puede dar autenticidad a nuestro mensaje. Con el Papa Juan Pablo II afirmamos que "para la Iglesia enseñar y difundir la doctrina social pertenece a su misión evangelizadora y forma parte esencial del mensaje cristiano, ya que esta doctrina expone sus consecuencias directas en la vida de la sociedad y encuadra incluso el trabajo cotidiano y las luchas por la justicia en el testimonio a Cristo Salvador".[35]

¿Por Qué Promulgamos Este Plan Ahora?

61. Desde fines del siglo pasado, el Espíritu Santo ha inspirado grandes eventos para avanzar la evangelización en la Iglesia. Una nueva apreciación de las Escrituras y del misterio de nuestro compartir en el cuerpo de Cristo, la Iglesia, floreció en el Segundo Concilio Vaticano, el cual fue llamado para que el rostro de Jesús pudiera radiar más plenamente sobre todos.[36] Este Concilio trajo un sentido renovado de fe y de culto, un compromiso con la unidad ecuménica, una afirmación al llamado a la santidad que tiene cada uno y un nuevo énfasis en la evangelización. Este Concilio ha cam-biado la forma en que vivimos nuestra fe católica. Después del Concilio, los obispos de todo el mundo se dieron cita en Roma en 1974 para reflexionar sobre la evangelización; sus refle-xiones fueron expresadas por el Papa Pablo VI en su exhortación apostólica *La Evangelización en el Mundo Contemporáneo.*

62. El Papa Juan Pablo II ha desarrollado un poco más la conscientización sobre la evangelización. Reconociendo esta necesidad debido a sus viajes por el mundo, él llamó a una "nueva evangelización" en 1983, e hizo un llamado a los laicos para que entren de lleno en la evangelización.[37] En 1991, el Papa publicó su octava encíclica, *La Misión de Cristo Redentor* (*Sobre la Permanente Validez del Mandato Misionero*). Las potentes palabras del Santo Padre nos llaman a renovar nuestro compromiso con la misión y la evangelización cuando llegamos a la década final de este milenio: "Preveo que ha llegado el momento de dedicar todas las fuerzas eclesiales a la nueva evangelización".[38]

60. This goal calls for results not only in the way we evaluate things but also in the way we carry the Good News through the practical works of justice, charity, and peace that alone can fully authenticate our message. With Pope John Paul II, we affirm that "to teach and spread her social doctrine pertains to the Church's evangelizing mission and is an essential part of the Christian message, since this doctrine points out the direct consequences of that message in the life of society and situates daily work and struggles for justice in the context of bearing witness to Christ the Savior."[35]

Why We Are Issuing the Plan Now

61. Since the turn of the century, the Holy Spirit has inspired great events to further evangelization in the Church. A new appreciation of the Scriptures and the mystery of our sharing in the Body of Christ, the Church, flowered into the Second Vatican Council, which was called so that the face of Jesus might radiate more fully upon all.[36] This Council brought a renewed sense of faith and worship, a commitment to ecumenical unity, an affirmation of the call to holiness that each one has, and a new emphasis on evangelization. This Council has changed the way we live our Catholic faith. Following the Council in 1974, bishops from all over the world met in Rome to reflect on evangelization; their reflections were expressed by Pope Paul VI in his apostolic exhortation *On Evangelization in the Modern World*.

62. Pope John Paul II has developed further the awareness of evangelization. Recognizing the need from his global travels, he called for a "new evangelization" in 1983 and called for lay people to become involved in evangelization.[37] In 1991, the pope published his eighth encyclical, *Redemptoris Missio (On the Permanent Validity of the Church's Missionary Mandate)*. The Holy Father's powerful words call us to a renewed commitment to mission and evangelization as we come to the final decade of this millennium: "I sense that the moment has come to commit all of the Church's energies to a new evangelization."[38]

63. Nosotros, los obispos, hemos enfatizado la importancia de la evangelización en nuestros pronunciamientos. Una amplia consulta entre hispanos católicos resultó en la publicación del *Plan Pastoral Nacional para el Ministerio Hispano*,[39] el cual enfoca asuntos que conciernen a las muchas personas hispanas que están llegando y enriqueciendo nuestra nación. Igualmente, nuestras hermanas y hermanos afroamericanos han trabajado en un Plan Pastoral titulado *Here I Am, Send Me: A Conference Response to the Evangelization of African Americans and the "National Black Catholic Pastoral Plan"*,[40] el cual habla desde su singularidad cultural y es un don para todos nosotros. En nuestra reciente declaración pastoral, *Herencia y Esperanza: Evangelización en los Estados Unidos*,[41] exploramos el significado del quinto centenario (1492-1992) del viaje de Colón al Nuevo Mundo. Aunque todos los cristianos lamentamos profundamente la enfermedad, muerte, explotación y desolación cultural que trajo la presencia europea, nos regocijamos por que los misioneros trajeran la luz de Cristo y fueran los primeros en levantar sus voces en contra de la opresión. Esa primera evangelización plantó la fe que hoy deseamos nutrir.

64. Este movimiento y estos documentos nos llaman a examinar una vez más nuestros corazones y a comprometer nuestra voluntad nuevamente con la causa de la evangelización; esto nos motiva a promulgar este Plan para hacer de la evangelización una parte natural y normal de la vida católica y para dar a los evangelizadores el apoyo y los medios necesarios para llevar a cabo hoy su ministerio.

Guiados por el Espíritu

65. Por ese tiempo, vino Jesús, de Galilea al río Jordán, donde vio a su pariente Juan Bautista, llamando a la gente al arrepentimiento y a la renovación. Se adelantó en medio de la multitud y se le acercó a Juan para que lo bautizara. Juan dudó por un instante reconociendo la singularidad de Jesús. Cuando Jesús insistió, Juan lo sumergió en el agua. En ese momento, la gente escuchó una voz de entre las nubes. Juan vio al Espíritu bajar sobre Jesús quien estaba siendo revelado en este momento por Dios como el "Elegido".[42]

63. We bishops have dealt with the importance of evangelization in our statements. A wide consultation among Hispanic Catholics resulted in the publication of the *National Pastoral Plan for Hispanic Ministry*[39] to address issues relevant to the many Hispanic peoples entering and enriching our nation. Likewise, our African American brothers and sisters have worked on a pastoral plan entitled *Here I Am, Send Me: A Conference Response to the Evangelization of African Americans and "The National Black Catholic Pastoral Plan"*[40] that speaks from their cultural uniqueness and is a gift to all of us. In our own recent pastoral statement *Heritage and Hope: Evangelization in the United States*,[41] we explored the meaning of the five-hundredth anniversary (1492-1992) of Christopher Columbus's voyage to the New World. While all Christians deeply regret the disease, death, exploitation, and cultural devastation that European settlement brought, we rejoice that missionaries carried the light of Christ and were the first to raise their voices against oppression. That first evangelization planted the faith that we now seek to nurture.

64. All this movement and all these documents call us to reexamine our hearts and recommit our wills to the pursuit of evangelization; they motivate us to issue this plan to make evangelization a natural and normal part of Catholic life and to give evangelizers the tools and support they need to carry out this ministry today.

Led in the Spirit

65. One day Jesus left Galilee and went to the River Jordan where he saw his kinsman, John the Baptist, calling people to repentance and renewal. He stepped forth from the crowd and approached John for baptism. John hesitated, recognizing the uniqueness of Jesus. When Jesus insisted, John plunged him into the water. At that point, people heard a voice from the clouds; John saw the Spirit come upon Jesus who was being revealed at this moment by God as the "Chosen One."[42]

66. El Espíritu llevó a Jesús al desierto[43] y, después de un tiempo, a un ministerio que comenzó con Jesús dirigiéndose a los simples pescadores y a grupos pequeños de personas en su tierra natal. El Espíritu guió a Jesús en un viaje a través de Palestina hasta Jerusalén, donde su mensaje vino a desafiar al mundo entero.

67. Jesús fue llevado por el Espíritu de Dios a una vida de predicación y servicio, a una entrega de sí mismo en sacrificio. Jesucristo envía ese mismo Espíritu sobre todos aquellos que son bautizados en su nombre. Porque todos hemos pasado por el agua de Cristo y hemos sido elegidos para traer la Buena Nueva y ser verdaderos discípulos.[44] Todos hemos recibido su Espíritu. Este no es un Espíritu de timidez ni de miedo, sino un audaz Espíritu de vida, verdad, alegría y gracia.

TODOS HEMOS RECIBIDO SU ESPÍRITU. ESTE NO ES UN ESPÍRITU DE TIMIDEZ NI DE MIEDO, SINO UN AUDAZ ESPÍRITU DE VIDA, VERDAD, ALEGRÍA Y GRACIA.

68. Nosotros, los obispos y las personas católicas, somos guiados por este mismo espíritu que va a incitar a los fieles de nuestra tierra a realizar una fuerte evangelización. Con Jesús, emprendemos este camino, sabiendo que él está con nosotros y que su Espíritu nunca puede fallar.

69. Jesús vino a traer fuego al mundo, hasta que todo arda de amor por Dios. Oramos para que este fuego baje sobre nosotros como discípulos a medida que nosotros, guiados por el Espíritu, llevemos a cabo la gran misión que nos dejó Cristo de ir y hacer discípulos de todas las naciones.

66. The Spirit drove Jesus out into the desert[43] and, after a while, into a ministry that began with Jesus' addressing simple fishermen and small groups of people in his homeland. The Spirit led Jesus on a journey through Palestine to Jerusalem where his message came to challenge the whole world.

67. Jesus was led by the Spirit of God to a life of preaching and service, to the giving of himself in sacrifice. Jesus Christ sends that same Spirit upon everyone who is baptized in his name. For we have all gone down into the water of Christ and have all been anointed to bring Good News and to be true disciples.[44] We have all received his Spirit. This is not a Spirit of timidity or fear, but a bold Spirit of life, truth, joy, and grace.

WE HAVE ALL RECEIVED HIS SPIRIT. THIS IS NOT A SPIRIT OF TIMIDITY OR FEAR, BUT A BOLD SPIRIT OF LIFE, TRUTH, JOY, AND GRACE.

68. We, bishops and Catholic people, are all led by this same Spirit who would stir up the faithful in our land to bring about a new and powerful evangelization. With Jesus, we undertake this journey, knowing that he is with us and his Spirit can never fail.

69. Jesus came to set this fire upon the earth, until all is ablaze in the love of God. We pray this fire will come upon us as disciples as we, led by the Spirit, carry out Christ's great commission to go and make disciples of all the nations.

Parte II. Metas y Estrategias

70. No mucho tiempo después de que Jesús fuera resucitado de entre los muertos, un pequeño grupo se reunió en un cuarto apartado. De pronto, el edificio tembló, el viento los envolvió y llamaradas de fuego, como lenguas, aparecieron alrededor de los allí congregados.[45]

71. Vemos, en medio de este pequeño grupo, a dos personas cuyas vidas aún guían nuestro trabajo de evangelización. Vemos a una mujer, María, de edad madura, sobre quien había descendido el Espíritu Santo treinta años antes y que se había convertido en la Madre de Jesús.[46] Dios usó la fe de esta mujer judía, su cooperación con la voluntad de Dios, para traer a Jesús al mundo. De esta forma, María, desde siempre amada devotamente por los cristianos como la Madre de Jesús y Madre de Dios, es también modelo de verdadero discipulado y evangelización. Con el ejemplo y las oraciones de María, crecemos como discípulos, siempre fieles a Jesús y siempre deseando revelarlo.

72. Vemos también a alguien que fue pescador, conocido ahora como Pedro, a quien Jesús escogió como líder de sus discípulos.[47] Aunque fuera débil y negó a su amigo Jesús,[48] aun así se le faculta para que proclame la fe de Jesús como Mesías.[49] Él proclamaría ese mensaje hasta morir en testimonio por la fe.[50] Jesús hizo de Pedro "la piedra" de la Iglesia y su fidelidad al Señor, a pesar de su debilidad, hoy fortalece a los discípulos.

73. Dos personas, María y Pedro, rodeados por los otros discípulos, reciben en las lenguas de fuego de Pentecostés una confirmación de su discipulado, de su participación en la historia de Jesús, de su papel en el anuncio de la Buena Nueva de Dios.[51]

74. Este es el fuego del Santo Espíritu de donde nace toda la evangelización. Que el Espíritu Santo que se derramó sobre María y llenó a los Apóstoles, se derrame también sobre nosotros al presentar las secciones apostólicas de nuestro plan.

PART II. GOALS AND STRATEGIES

70. Not long after Jesus was raised from the dead, a small group huddled together in a secluded room. Suddenly, the building shook, a great wind encircled them, and flames of fire, like tongues, appeared around the group.[45]

71. We see, in the midst of this small group, two people whose lives still guide us in the work of evangelization. We see a woman, Mary, now middle-aged, who, over thirty years before, was overshadowed by the Holy Spirit and became the mother of Jesus.[46] God used the faith of this Jewish woman, her cooperation with God's way, to bring Jesus into the world. So Mary, long devoutly loved by Christians as the Mother of Jesus and Mother of God, also is a model of true discipleship and evangelization. With Mary's example and prayer, we grow as disciples, ever faithful to Jesus and ever wanting to reveal him.

72. We also see a former fisherman, now called Peter, whom Jesus chose to give as a leader to the disciples.[47] Though weak enough to deny his friend Jesus,[48] he is yet empowered to proclaim the faith of Jesus as Messiah.[49] He would proclaim that message until he died in testimony for the faith.[50] Jesus made Peter the "rock" of the Church, and his faithfulness to the Lord, in spite of his weakness, strengthens us disciples today.

73. Two people, Mary and Peter, encircled by the other disciples, received in the tongues of flame at Pentecost a confirmation of their discipleship, of their involvement in the story of Jesus, of their role in spreading God's Good News.[51]

74. This is the fire of the Holy Spirit from whom all evangelization springs. May the Spirit that came upon Mary and filled the apostles also come upon us as we present the apostolic parts of our plan.

Cómo Usar Este Plan y Esta Estrategia

75. Nuestra esperanza al promulgar este plan y esta estrategia es que conduzcan a los católicos a la acción. Las metas, aunque extensas, hablan de la manera en que vivimos nuestra fe. Los objetivos que siguen a cada meta expanden esas metas en varias partes separadas. Las estrategias que se sugieren indican más detalladamente algunas de las formas de trabajar en los objetivos y las metas.

76. Nos imaginamos a grupos de católicos leyendo este plan juntos, discutiendo sus implicaciones y recibiendo estímulo de la variedad de estrategias sugeridas. Vemos a estos grupos buscando la manera de llevarlo a la acción, dentro y fuera de sus comunidades católicas, en la forma que mejor se adapte a sus lugares y situaciones. Este documento debe generar discusión sobre la ejecución: las posibilidades y actividades presentes en cada parroquia e institución católica.

77. Los consejos y equipos de evangelización parroquiales deben ser capaces de usar este plan y esta estrategia para perfeccionar la misión de la parroquia y desarrollar actividades evangelizadoras más adecuadas y concretas. Las personas que trabajan en áreas marginadas o sin iglesia, llevarán a cabo este plan y esta estrategia en un ambiente menos estructurado que aquellas que trabajan en parroquias suburbanas de gran tamaño. Los grupos juveniles enfocarán los documentos desde su momento especial en la vida y estudiarán las maneras de poder llegar a sus compañeros en forma convincente. En las universidades, los estudiantes y los ministros estudiantiles pueden formar grupos para ver qué significado tienen las metas de este documento dentro de las ciudades universitarias de hoy. Los católicos que trabajan juntos pueden formar un grupo de apoyo para la fe que les dé fuerza para invitar a otros pares de trabajo y discutir el impacto de la fe en sus profesiones.

78. Cada uno también debe ser guiado, más allá de la introspección y reflexión, a una variedad de acciones que puedan realizarse en casa, en el trabajo, en el vecindario y en el ambiente cívico. Los dones personales y situaciones especiales de cada uno requieren de estrategias específicas para compartir la fe.

How to Use This Plan and Strategy

75. Our hope, upon issuing this plan and strategy, is that it will lead Catholics to action. The goals, though broad, speak of the way we live our faith. The objectives, which follow each goal, expand those goals into several separate parts. The suggested strategies elaborate in more detail some of the ways of working at the objectives and goals.

76. We envision groups of Catholics reading this plan together, discussing its implications, and being stimulated by the range of suggested strategies. We see these groups seeking to do things, both within and beyond their own Catholic communities, in ways that make sense for their locale and situation. This document should generate discussion about action: the possibilities and activities present in every Catholic parish and institution.

77. Parish councils and parish evangelization teams should be able to use this plan and strategy to sharpen a parish's mission and to develop concrete, suitable evangelizing activities. People who work in unchurched or marginalized areas will carry out this plan and strategy in less structured settings than those who work in large suburban parishes. Youth groups will read the document from their special situation in life and think about how to reach peers in convincing ways. On college campuses, students and campus ministers can form groups to see what the goals of this document mean on today's campuses. Catholics who share the same workplace may form a group that supports their own faith, strengthens them to invite people with whom they work, and also explores how their faith bears upon their occupation.

78. Individuals, too, should be led beyond insight and reflection into a range of actions that can be done in the home, the workplace, the neighborhood, and the civic setting. Each one's personal gifts and unique setting call for unique approaches in sharing faith.

79. Lo que presentamos sólo nos sugiere la riqueza de este ministerio. Es más, al final de este plan hacemos una invitación explícita para que nos hagan sugerencias adicionales a los objetivos que proponemos. Buscamos respuestas innovadoras, que vayan más allá de las estrategias sugeridas en el plan. El ministerio de evangelización no consiste en seguir una receta, sino en dejar que el Espíritu abra nuestros corazones a la Palabra de Dios para que podamos vivir y proclamar la Palabra de Dios a otros. ¡Por lo tanto, dejen obrar al Espíritu!

El Contexto de las Metas

80. Estas metas están dirigidas a *todos los católicos* en nuestra nación; a cada diócesis y a cada parroquia, a cada persona católica y a cada familia, a los que han recibido las órdenes sacerdotales, a las mujeres y hombres religiosos y a los laicos; al profesional en el campo religioso y al feligrés común, a las grandes organizaciones católicas a nivel nacional y a cada comité parroquial, a instituciones tales como universidades católicas, colegios primarios y secundarios, así como a las asociaciones de feligreses. Aunque cada persona o grupo tratará de alcanzar estas metas usando sus dones especiales, nadie estará exento de ellas.

81. Estas metas carecen de significado a menos que estén inmersas en la *oración*. Sin la oración, la Buena Nueva de Jesús no puede entenderse, difundirse o aceptarse. Estas metas se podrán alcanzar solamente si abrimos nuestros corazones a Dios, quien da a sus hijos todo lo que buscan,[52] quien abre cuando le tocamos la puerta y quien responde cuando le pedimos con insistencia.[53] En la Misa, en la Liturgia de las Horas, en los grupos de oración y en las devociones y oraciones individuales, debemos pedir incesantemente por la gracia de evangelizar. En el instante que dejemos de orar por la gracia de difundir la Buena Nueva de Jesús, en ese instante perderemos el poder de evangelizar.

79. Our presentation can only suggest the richness of this ministry. In fact, at the end of this plan we explicitly invite additional responses to the objectives we are setting forth. We look for innovative responses, far exceeding the suggested strategies we offer in this plan. The ministry of evangelization does not consist in following a recipe but in letting the Spirit open our hearts to God's Word so that we can live and proclaim God's Word to others. So let the Spirit work!

The Context of the Goals

80. These goals are addressed to *all Catholics* in our country: to every diocese and every parish; to every Catholic person and every family; to the ordained, religious women and men, and the laity; to the professional religious worker and the ordinary parishioner; to large national organizations of Catholics and every parish committee; to institutions like our Catholic colleges, high schools, and grade schools as well as associations of the faithful. Although everyone will pursue these goals with different gifts, no one can claim exemption from them.

81. These goals are meaningless unless they are steeped in *prayer*. Without prayer, the Good News of Jesus Christ cannot be understood, spread, or accepted. These goals can be accomplished only by opening our hearts to God, who gives to his children everything they seek,[52] who responds when we knock, and who answers when we persevere in asking.[53] At Mass, in the Liturgy of the Hours, in prayer groups, and in individual prayer and devotions, we must ask unceasingly for the grace to evangelize. The moment we stop praying for the grace to spread the Good News of Jesus will be the moment when we lose the power to evangelize.

82. Estas metas también se ofrecen según el ministerio de evangelización, el cual pertenece a *toda la Iglesia Católica.* Este plan, que es el producto de nuestra reflexión en los Estados Unidos, adapta a nuestra realidad las metas misioneras de la Iglesia de Cristo en todo el mundo. Estas son ofrecidas en unión con todos los católicos en todas partes, con sus obispos, y con el Santo Padre, el Vicario de Cristo, el obispo de Roma, la ciudad de los apóstoles Pedro y Pablo. A menos que esta evangelización se lleve a cabo dentro del contexto de la comunidad católica universal, no estará completa.[54] Exhortamos este espíritu sobre nuestras hermanas y hermanos católicos.

83. Estas metas deben influenciar nuestra *vida diaria,* dentro del contexto familiar y del trabajo, en nuestro vecindario y asociaciones, en la forma en que vivimos. Los católicos influenciarán a las personas dentro de su vida cotidiana mucho antes de que éstas sean invitadas a una parroquia o a un evento religioso formal. Toda planificación para evangelizar tiene por intención hacer posible una forma de intercambio continuo entre los creyentes y los no creyentes, lo cual es la fuerza propulsora de la evangelización.

ESTAS METAS SUPONEN QUE EL ESPÍRITU EVANGELIZADOR TOCARÁ CADA DIMENSIÓN DE LA VIDA PARROQUIAL CATÓLICA. LA BIENVENIDA, ACEPTACIÓN, INVITACIÓN A LA CONVERSIÓN Y RENOVACIÓN . . . DEBE SER EL CARÁCTER DISTINTIVO DE NUESTRAS PARROQUIAS.

84. La *parroquia* será el lugar más indicado para alcanzar estas metas ya que la parroquia es donde la mayoría de los católicos viven la experiencia de Iglesia. A nivel local, la parroquia tiene los mismos compromisos que la Iglesia universal, ya que considera la veneración de la Palabra de Dios y la Eucaristía como su celebración principal. Sin lugar a dudas, la evangelización involucra a la comunidad parroquial, ya que a fin de cuentas, estamos invitando al pueblo a nuestra Eucaristía, a la mesa del Señor. Cuando una persona evangeliza a otra en forma individual, debe tener como propósito final la Buena Nueva y la mesa eucarística.

85. Estas metas suponen que el espíritu evangelizador tocará cada dimensión de la vida parroquial católica. La bienvenida, aceptación, invitación a la conversión y renovación, reconciliación y paz, empezando con nuestra devoción, debe ser el carácter distintivo de nuestras parroquias. Cada elemento de la parroquia debe responder a ese mandato evangelizador –sacerdotes y religiosos, laicos, personal de oficina, ministros, organizaciones, clubes sociales, colegios parroquiales, y programas parroquiales de educación religiosa. De otra forma, la evangelización sería algo que muy pocas personas en la parroquia verían como su ministerio –en vez de ser la razón principal de la existencia de la parroquia y el objetivo de cada ministerio de la

82. These goals also are issued in accord with the ministry of evangelization that belongs to the *whole Catholic Church*. This plan, the product of our reflection in the United States, adapts to our situation the missionary goals of Christ's Church throughout the world. They are offered in union with all Catholics everywhere, with their bishops, and the Holy Father, the Vicar of Christ, the bishop of Rome, which is the city of the apostles Peter and Paul. Unless evangelization is done in the context of this universal Catholic community, it is incomplete.[54] We urge this spirit upon our Catholic brothers and sisters.

83. These goals must bear upon our *everyday life*, in the family and the workplace, in our neighborhoods and associations, in the way we live. Catholics will be able to affect people in everyday life long before they are invited to a parish or to a formal religious event. All evangelization planning basically strives to make more possible the kind of everyday exchange between believers and unbelievers, which is the thrust of evangelization.

> THESE GOALS ASSUME THAT AN EVANGELIZING SPIRIT WILL TOUCH EVERY DIMENSION OF CATHOLIC PARISH LIFE. WELCOME, ACCEPTANCE, THE INVITATION TO CONVERSION AND RENEWAL . . . MUST CHARACTERIZE THE WHOLE TENOR OF OUR PARISHES.

84. The *parish* is the most fitting location for carrying out these goals because the parish is where most Catholics experience the Church. It has, on the local level, the same commitments as the universal Church, with the celebration of God's Word and Eucharist as its center of worship. Evangelization inevitably involves the parish community for, ultimately, we are inviting people to our Eucharist, to the table of the Lord. When an individual evangelizes, one to one, he or she should have the Good News and the Eucharistic table as the ultimate focus.

85. These goals assume that an evangelizing spirit will touch every dimension of Catholic parish life. Welcome, acceptance, the invitation to conversion and renewal, and reconciliation and peace, beginning with our worship, must characterize the whole tenor of our parishes. Every element of the parish must respond to the evangelical imperative—priests and religious, lay persons, staff, ministers, organizations, social clubs, parochial schools, and parish religious education programs. Otherwise, evangelization will be something a few people in the parish see as their ministry—rather than the reason for the parish's existence and the objective of every ministry

parroquia. El espíritu de conversión, enfatizado en la liturgia y, en forma particular, en el Rito de Iniciación Cristiana para Adultos, debe irradiar a través de las acciones de todos los católicos para poder sentir el llamado a la conversión y celebrarlo como elemento de nuestra forma de vida.

86. La evangelización en la parroquia debe ser vista como una *pastoral de conjunto* que emana de una unión entre el clero y los laicos. Los sacerdotes tienen un rol de liderazgo especial en la ejecución de este plan, pero no deben sentirse aislados, sobrecargados o frustrados al ejecutarlo. Es más, es nuestra esperanza que un incremento en la evangelización atraiga a más individuos hacia el sacerdocio y hacia la vida religiosa. Las metas y estrategias de nuestro plan no tienen la intención de crear una carga adicional para los ya sobrecargados trabajadores pastorales, como si la evangelización fuese otro programa que tienen que sacar adelante. Más bien, deben ayudar a las parroquias a ver el potencial evangelizante de sus actividades actuales, al mismo tiempo que las motiven a desarrollar nuevas actividades a través de una energía espiritual renovada.

87. Estas metas también hacen un llamado a la *consistencia*: la evangelización debe afectar la actitud de nuestra vida católica en su totalidad. No podemos hacer un llamado a la renovación sólo a nivel parroquial; no podemos ser misericordiosos sólo una parte del año; no podemos dar la bienvenida sólo a algunas personas. Dondequiera que veamos a católicos o a instituciones católicas, debemos percibir el espíritu de evangelización.

88. Finalmente, estas metas serán llevadas a cabo en medio de una cultura que hará dificil el alcanzarlas. En parte, esta dificultad se presenta como un problema de comunicación, ya que la gente puede preferir los estereotipos de la Iglesia Católica a la realidad de nuestra fe. Otra dificultad se presenta en lo social, ya que el pueblo puede percibir a la Iglesia Católica sólo como una organización de cierta clase económica o nivel educativo, y no como una comunidad acogedora y de gran diversidad. Asimismo, el pluralismo superficial impide la discusión seria de la fe dentro de nuestra sociedad. Pero lo más difícil de todo será lo relacionado a cuestiones morales que hacen que la Buena Nueva no sea escuchada claramente por aquellas personas cuyos valores son contrarios al Evangelio y quienes deben sufrir un cambio a fin de escuchar el mensaje de vida que proclamamos.

in the parish. The spirit of conversion, highlighted in the liturgy and particularly in the Rite of Christian Initiation of Adults, should radiate through the actions of all Catholics so that the call to conversion is experienced and celebrated as part of our way of life.

86. Evangelization in the parish should be seen as a *collaborative* effort that springs from a partnership between the clergy and the laity. Priests have a special leadership role in carrying out this plan, but they should not feel isolated, overburdened, or frustrated in implementing it. Indeed, we even hope an increase in evangelizing will attract more people to the priesthood and religious life. The goals and strategies of our plan are not meant to be an added burden on already overworked pastoral staffs, as if evangelization were merely another program to be done. Rather, they should help parishes see the evangelizing potential of their current activities, even as they stretch parishes to develop new activities from a renewed spiritual energy.

87. These goals also call for a *consistency*: evangelization must affect the attitude of our Catholic life from top to bottom. We cannot call for renewal only on the parish level; we cannot proclaim mercy only for part of the year; we cannot welcome only some people. Everywhere Americans see Catholics and Catholic institutions they should sense the spirit of evangelization.

88. These goals, finally, will be carried out in the midst of a culture that will make them difficult to achieve. This difficulty will be, in part, a problem of communication because people may prefer stereotypes of the Catholic Church to a true picture of our faith. Another part of the difficulty will be social, because people will see the Catholic Church only as an organization of a certain economic class or educational level rather than as a richly varied and inviting community. Also, a superficial pluralism makes it hard for people to discuss faith seriously in our society. But most difficult of all will be the moral issues, which make the Good News hard to hear by people whose values are contrary to the Gospel and who must experience change in order to hear the message of life we proclaim.

Presentación de las Metas

89. *Meta I: Crear en todos los católicos tal entusiasmo por su fe que, viviendo su fe en Jesús, la compartan libremente con otros*

Esta meta hace un llamado a los católicos para que continúen escuchando la Buena Nueva más profundamente. El llamado a la santidad, el cual es dado a todo católico a través del bautismo, consagra a cada uno de nosotros a Dios y al servicio del Reino.[55] Esta profundización de la fe, en santidad, fomenta un deseo de involucrar a otros en esa fe, hasta que Dios esté "todo en todos" en una creación transformada.[56]

90. La estrategia de esta meta es profundizar a tal grado el sentido de Evangelio y sacramento, que los católicos recen más plenamente y, con un entendimiento más profundo del llamado de Cristo, vivan como discípulos en sus hogares, en su trabajo y en los variados ambientes culturales de hoy. Esta meta también busca conseguir una mayor aceptación a las diversidades físicas, mentales y culturales entre los católicos.

Esta meta cubre los siguientes objetivos:

91. ***Fomentar una experiencia de conversión y renovación en el corazón de cada creyente, que lleve a un vivir más activo de la vida católica***

Posibles Estrategias:
- retiros;
- renovación parroquial;
- RENEW;
- Cursillo;
- participación en el movimiento carismático;
- encuentros juveniles los fines de semana;
- encuentros matrimoniales; y
- otros programas de renovación y conversión.

92. ***Fomentar una experiencia de conversión y renovación en cada parroquia***

Posibles Estrategias:
- una creciente implementación del Rito de Iniciación Cristiana de Adultos;
- una invitación más amplia a los católicos para que sirvan de patrocinadores; y
- participación de la parroquia en los ministerios de la reconciliación.

Presentation of the Goals

89. Goal I: To bring about in all Catholics such an enthusiasm for their faith that, in living their faith in Jesus, they freely share it with others

This goal calls Catholics to continue to hear the Good News at ever-deeper levels. The call to holiness, given to every Catholic through baptism, consecrates each one to God and to the service of the kingdom.[55] This deepening of faith, in holiness, fosters a desire to involve others in that faith, until God will be "all in all" in a transformed world.[56]

90. The strategy of this goal is to so deepen the sense of Scripture and sacrament that Catholics will pray more fully and, with a greater understanding of Christ's call, live as disciples at home, at work, and in today's many cultural settings. This goal also seeks a greater openness to physical, mental, and cultural diversity among Catholics.

This goal entails the following objectives:

91. ***To foster an experience of conversion and renewal in the heart of every believer, leading to a more active living of Catholic life***

Possible Strategies:
- retreats;
- parish renewals;
- RENEW;
- Cursillo;
- involvement in the Charismatic movement;
- youth encounter weekends;
- marriage encounter; and
- other programs of renewal and conversion.

92. ***To foster an experience of conversion and renewal in every parish***

Possible Strategies:
- expanded implementation of the Rite of Christian Initiation of Adults (RCIA);
- wider invitation for Catholics to serve as RCIA sponsors; and
- parish involvement in ministries of reconciliation.

93. ***Fomentar la apreciación por la Palabra de Dios en la vida de todos los católicos***

Posibles Estrategias:

- un incremento en la frecuencia de lecturas personales de la Biblia entre los católicos;
- un desarrollo más profundo del estudio de las Escrituras y programas para compartirlas; y
- oportunidades para un estudio más completo de las Escrituras de parte de todos los católicos.

94. ***Hacer más explícita la dimensión evangelizante de la Eucaristía dominical***

Posibles Estrategias:

- saludar y dar la bienvenida a las personas;
- crear un sentido más profundo de oración durante la Misa;
- hacer un llamado claro a los creyentes a la conversión y a la renovación; fomentar un sentido de comunidad entre los miembros de la parroquia; acoger a los visitantes y recién llegados en la Misa del domingo;
- hacer el culto posible para todos; y
- desarrollar formas de incorporar a los feligreses nuevos o itinerantes, a través de rituales y de reconocimiento público.

95. ***Fomentar una apreciación de la presencia de Cristo en la Eucaristía y en todos los sacramentos, signos sagrados de nuestra vida católica***

Posibles Estrategias:

- celebraciones de liturgias llenas del espíritu;
- programas de preparación sacramental;
- alentar la devoción y adoración de la Eucaristía;
- planificación cuidadosa de liturgias y prácticas ceremoniales; y
- temas de renovación y actividades basadas en los sacramentos.

96. ***Fomentar una mayor apreciación por el poder de la Palabra de Dios en nuestro culto***

Posibles Estrategias:

- entrenamiento continuo en homilías para el clero y aquellos llamados a predicar;
- preparación piadosa de la homilía;
- preparación compartida de la homilía dominical;
- una mejor preparación de los lectores; y
- ofrecer distinción especial a los libros litúrgicos que contienen las Sagradas Escrituras.

93. ***To foster an appreciation of God's Word in the lives of all Catholics***

Possible Strategies:
- more frequent individual reading of the Bible among Catholics;
- further development of scriptural-study and scriptural-sharing programs; and
- opportunities for more thorough scriptural studies on the part of all Catholics.

94. ***To make the evangelizing dimension of Sunday Eucharist more explicit***

Possible Strategies:
- greeting and welcoming of people;
- creation of a greater sense of prayer during Mass;
- more clear calling to worshipers to conversion and renewal; fostering of a sense of community among parish members; outreach to visitors and newcomers at Sunday Mass;
- accessibility to worship for everyone; and
- development of ways to incorporate new and mobile parishioners through ritual and public acknowledgment.

95. ***To foster an appreciation of the presence of Christ in the Eucharist and of all the sacraments, the sacred signs of our Catholic life***

Possible Strategies:
- spirit-filled celebrations of the liturgy;
- sacramental preparation programs;
- encouragement of Eucharistic devotions and adoration;
- careful liturgical planning and ceremonial practice; and
- centering of renewal themes and activities on the sacraments.

96. ***To foster a greater appreciation of the power of God's Word in our worship***

Possible Strategies:
- ongoing homiletic training for clergy and those called to preach;
- prayerful preparation of the homily;
- shared preparation of the Sunday homily;
- enhanced preparation of lectors; and
- cultivation of reverence toward the liturgical books that contain the Sacred Scriptures.

97. ***Fomentar un sentido más profundo de oración entre la gente católica***

Posibles Estrategias:

- un horario diario de oración para cada católico;
- utilización más amplia de la Liturgia de las Horas y otras oraciones comunes entre los católicos;
- grupos de oración;
- experiencias de retiros;
- entrenamiento en métodos de meditación y contemplación; y
- publicación de lecturas devocionales más accesibles.

98. ***Fomentar un entendimiento renovado de la fe entre los católicos***

Posibles Estrategias:

- métodos nuevos para la educación de adultos, haciendo uso de los variados medios modernos de comunicación y relacionados a la participación de los católicos en los cultos y servicios parroquiales;
- preparación de materiales catequéticos en un lenguaje claro y fácil de entender;
- revisión de materiales catequéticos existentes a fin de facilitar la evangelización y adaptar *El Catecismo de la Iglesia Católica* a la realidad de los Estados Unidos;
- desarrollo de métodos catequéticos basados en la familia y el hogar; y
- participación de los directores de educación religiosa en la elaboración de planes de evangelización en la parroquia y de equipos de evangelización en la planifican de la catequesis.

99. ***Fomentar un sentido de discipulado entre los adultos y los niños católicos***

Posibles Estrategias:

- desarrollo de planes de estudio para la educación parroquial y religiosa dentro de los temas del discipulado con especial énfasis en la evangelización;
- entrenamiento para el discipulado;
- momentos de oración en parroquias y en organizaciones católicas grandes; y
- participación más amplia en el ministerio y servicio como parte de la administración de dones que Dios da a la Iglesia.

97. ***To foster an even deeper sense of prayer among our Catholic people***

Possible Strategies:

- daily schedule of prayer for every Catholic;
- wider utilization of the Liturgy of the Hours and other common prayer among Catholics;
- prayer groups;
- retreat experiences;
- training in methods of meditation and contemplation; and
- publication of more accessible devotional reading.

98. ***To foster a renewed understanding of the faith among Catholics***

Possible Strategies:

- new methods of adult education that utilize various modern media and relate to Catholics' involvement in parish worship and service;
- formulation of catechetical materials in clear, easy-to-grasp language;
- revision of existing catechetical materials to facilitate evangelization and to adapt the *Catechism of the Catholic Church* to the circumstances of the United States;
- development of home and family-based catechetical techniques; and
- involvement of directors of religious education in the evangelization planning of the parish and of evangelization teams in catechetical planning.

99. ***To foster a sense of discipleship among Catholic adults and children***

Possible Strategies:

- development of parochial and religious education curricula on the themes of discipleship with concentration on evangelization;
- training for discipleship;
- prayer events in parishes and larger Catholic organizations; and
- wider involvement in ministry and service as part of the stewardship of gifts that God gives the Church.

100. ***Fomentar una experiencia religiosa personal y activa a través de la participación en grupos pequeños y otras experiencias comunitarias en las cuales se comparte la Buena Nueva, viviéndola y aplicándola a la vida diaria***

Posibles Estrategias:
- desarrollo de grupos de oración;
- cultivo en la parroquia de pequeños grupos de oración, crecimiento espiritual y esfuerzos apostólicos;
- asociaciones de oración dentro de las parroquias y organizaciones católicas grandes; y
- participación en retiros.

101. ***Fomentar un sentido de Iglesia doméstica dentro de los hogares en los cuales residen familias, individuos y grupos***

Posibles Estrategias:
- inculcar la oración diaria y momentos de oración en el hogar;
- establecimiento de momentos de oración para el compartir familiar;
- celebración, dentro del hogar, de las devociones que dicte el calendario litúrgico;
- formación de grupos de padres de familia, familias y hogares para desarrollar la espiritualidad dentro del hogar; y
- adaptación de prácticas de fe, nuevas y significativas, dentro de la familia en vista de la disminución en la práctica de la oración familiar.

102. ***Promover y desarrollar una espiritualidad en los centros de trabajo***

Posibles Estrategias:
- alentar la reflexión sobre la presencia transformante de Dios en los centros de trabajo;
- reconocer a los trabajadores como agentes de la presencia de Dios en los centros de trabajo; y
- alentar la formación de grupos católicos y otros grupos cristianos y organizaciones, en los cuales se fomente valores en los centros de trabajo.

103. ***Fomentar una mayor apreciación por la espiritualidad cultural y étnica***

Posibles Estrategias:
- celebrar la diversidad espiritual de las diferentes culturas que componen la Iglesia en los Estados Unidos;
- reconocer y respetar las diversas formas de devoción personal;
- celebrar tradiciones culturales; y
- alentar las variadas expresiones musicales y culturales.

100. ***To foster active and personal religious experience through participation in small-group and other communal experiences in which the Good News is shared, experienced, and applied to daily life***

Possible Strategies:
- development of prayer groups;
- parish cultivation of smaller groupings for prayer, spiritual growth, and apostolic efforts;
- prayer associations within parishes and large Catholic organizations; and
- retreat experiences.

101. ***To foster a sense of the domestic church within households in which families, individuals, and groups reside***

Possible Strategies:
- cultivation of daily prayer and times of prayer in the home;
- establishment of times of family sharing;
- home-based rituals shaped by the liturgical year;
- formation of groups of parents, families, and households to develop spirituality in the home; and
- adaptation of new and meaningful faith practices within the family in view of the decline of family prayer.

102. ***To promote and develop a spirituality for the workplace***

Possible Strategies:
- encouragement of reflection on the transforming presence of God in the workplace;
- acknowledgment of workers as agents of God's presence in the workplace; and
- encouragement of the formation of Catholic and other Christian groups and organizations that foster values in the workplace.

103. ***To foster greater appreciation of cultural and ethnic spirituality***

Possible Strategies:
- celebration of the spiritual diversity of the different cultures that make up the Church in the United States;
- acknowledgment of and respect for various forms of personal piety;
- celebration of cultural traditions; and
- encouragement of a variety of musical and cultural expressions.

104. *Meta II: Invitar a todas las personas en los Estados Unidos, sea cual fuere su condición social o cultural, a escuchar el mensaje de salvación en Jesucristo a fin de que se unan a nosotros en la plenitud de la fe católica*

Esta meta significa que debemos invitar eficazmente a cada persona a que se familiarice con la Buena Nueva de Jesús que proclama la Iglesia católica. Esta meta acompaña a la primera, pues, al buscar esa meta, los católicos desarrollarán una actitud acogedora como parte natural de nuestra espiritualidad diaria. Esta meta significa no sólo que las personas sean invitadas, sino también que un verdadero espíritu de acogida esté presente en los hogares católicos y en todas nuestras instituciones católicas: parroquias, organizaciones, hospitales, colegios, cancillerías, y centros de servicios comunitarios. Esta meta posee también implicaciones ecuménicas.

105. La estrategia para alcanzar esta meta, es la de crear una actitud más acogedora en nuestras parroquias para que las personas se sientan como en su casa; crear una postura de compartir la fe y desarrollar mejores habilidades para conseguirlo; e iniciar actividades para invitar a otros a conocer mejor a los católicos.

Para conseguir esta segunda meta, se debe perseguir estos objetivos:

106. ***Lograr que cada institución católica, especialmente nuestras parroquias, sean más acogedoras***

Posibles Estrategias:

- hacer un análisis de la hospitalidad en nuestras instituciones;
- utilización de colegios parroquiales y programas de educación religiosa para atraer a otros y brindar la bienvenida a toda la familia;
- talleres de bienvenida y acogida;
- re-entrenamiento de los acomodadores, recepcionistas y otros miembros del personal; y
- estudio de la accesibilidad y disponibilidad de nuestras instituciones al público (horarios, alumbrado, avisos y afiches, etc.), en especial, en lo que se refiere al recibimiento de los discapacitados (e.g., rampas de ingreso a la iglesia, sistema de sonido adecuado, señas para las personas con insuficiencia auditiva).

104. ***Goal II: To invite all people in the United States, whatever their social or cultural background, to hear the message of salvation in Jesus Christ so they may come to join us in the fullness of the Catholic faith***

This goal means that we are to invite effectively every person to come to know the Good News of Jesus proclaimed by the Catholic Church. This goal goes along with the first one, for, as that goal is sought, Catholics will develop an inviting attitude as a general part of our everyday spirituality. This goal means not only that people are invited but also that an essential welcoming spirit is present in Catholic homes and in all our Catholic institutions: parishes, organizations, hospitals, schools, chanceries, and centers of neighborhood service. This goal also has ecumenical implications.

105. The strategy behind this goal is to create a more welcoming attitude toward others in our parishes so that people feel at home; next, to create an attitude of sharing faith and to develop greater skills to do this; then, to undertake activities to invite others to know the Catholic people better.

To attain this second goal, the following objectives should be pursued:

106. ***To make every Catholic institution, especially our parishes, more welcoming***

Possible Strategies:

- review of the hospitality of our institutions;
- use of parochial schools and religious education programs for outreach and welcome for the whole family;
- workshops on greeting and welcoming;
- retraining of ushers, receptionists, and other personnel; and
- study of the access and availability of our institutions to people (e.g., considering event times, lighting, and signs and posters), particularly with regard to ways to welcome those with disabilities (e.g., having ramps into churches, adequate sound systems, and signing for the hearing impaired).

107. ***Ayudar a cada católico a sentirse a gusto en el compartir de su fe e invitar a otras personas a descubrir a Cristo en nuestra familia católica de creyentes***

Posibles Estrategias:

- grupos para compartir la fe;
- entrenamiento para discernir y poder hablar de experiencias religiosas;
- desarrollo de una mayor habilidad de escuchar y ser compasivo; y
- animar a los nuevos fieles a que compartan sus historias de fe.

108. ***Desarrollar la capacidad de compartir el Evangelio en los hogares y dentro de las familias***

Posibles Estrategias:

- programas de apoyo para padres de familia, que son los principales participantes de la fe con sus hijos;
- programas familiares para llegar a otras familias para que vivan la Buena Nueva de Jesús;
- programas de entrenamiento para que las familias, ya sea en forma individual o en grupos, puedan aprender métodos más efectivos para compartir el Evangelio; y
- alentar momentos periódicos para el compartir familiar y la oración.

109. ***Facultar y proveer lo necesario a los miembros católicos activos a fin de que pongan en práctica su llamado bautismal a evangelizar***

Posibles Estrategias:

- días de renovación;
- entrenamiento para dar testimonio;
- entrenamiento para católicos para evangelizar de persona a persona;
- utilización de la preparación bautismal y sacramental para incrementar el entendimiento del discipulado;
- tomar como modelos y testigos a aquellos involucrados en el Rito de Iniciación Cristiana de Adultos;
- usar componentes para la evangelización en los materiales de educación religiosa;
- misiones parroquiales; y
- preparación de personas para que se desempeñen como evangelizadores a tiempo completo.

107. ***To help every Catholic feel comfortable about sharing his or her faith and inviting people to discover Christ in our Catholic family of believers***

Possible Strategies:
- faith-sharing groups;
- training on discerning religious experience and articulating it;
- development of a greater ability to listen and empathize; and
- encouragement of converts to share their stories of faith.

108. ***To develop within families and households the capacity to share the Gospel***

Possible Strategies:
- programs to support parents as the primary sharers of faith with their children;
- family outreach to other families to experience the Good News of Jesus;
- training programs for families, individually or in support groups, on more effective methods of sharing the Gospel; and
- fostering of regular family prayer and share time.

109. ***To equip and empower our active Catholic members to exercise their baptismal call to evangelize***

Possible Strategies:
- renewal days;
- witness training;
- training of Catholics for one-to-one evangelization;
- use of baptismal and sacramental preparation to expand understandings of discipleship;
- modeling and witness from those involved in the Rite of Christian Initiation of Adults;
- evangelization components in religious education materials;
- parish missions; and
- preparation of specially designated people as full-time evangelizers.

110. ***Usar momentos especiales en la vida parroquial y familiar para invitar a personas a la fe***

Posibles Estrategias:

- invitar a las familias jóvenes a compartir la formación de sus niños pequeños en la fe;
- ministerio especial para los adultos jóvenes en las parroquias y en las ciudades universitarias;
- recalcar las dimensiones evangelizantes de la pastoral juvenil para estudiantes de secundaria intermedia y secundaria superior; y
- involucrar a la juventud y sus familias en los ministerios de fe y servicio a otros.

111. ***Cultivar un grupo base activo de los bautizados para que sirvan como ministros de evangelización en sus parroquias, diócesis, vecindarios, centros de trabajo y hogares***

Posibles Estrategias:

- formación de comités y oficinas diocesanas de evangelización;
- formación de equipos de evangelización en las parroquias;
- formación de escuelas de evangelización y apoyo a éstas, a nivel nacional y regional; y
- talleres y grupos de apoyo para aquellos que están involucrados, en una forma más explícita, en la evangelización.

112. ***Invitar, en forma eficaz, a personas a nuestra Iglesia***

Posibles Estrategias, a Nivel Nacional:

- cuidado preciso con la imagen que se proyecta de nuestra Iglesia a través de los medios de comunicación;
- reclutamiento de católicos con experiencia en los medios de comunicación para asistir en la creación de esta nueva imagen;
- esmero en la dimensión evangelizante de cada pronunciamiento oficial de la Iglesia;
- desarrollo de campañas nacionales que describan a la Iglesia Católica, a través de los medios de comunicación.

Posibles Estrategias, a Nivel Local:

- envío de información por correo, visita a los hogares, firme invitación a personas que recién se han mudado a la parroquia;
- anuncios en el vecindario a través de periódicos y afiches;

110. ***To use special times in parish and family life to invite people to faith***

Possible Strategies:

- invitation to young families to share about forming their young children in faith;
- special ministry to young adults in parishes and college campuses;
- emphasis on the evangelizing dimension of youth ministry for middle school and high school students; and
- involvement of youth and families in ministries of faith and service to others.

111. ***To cultivate an active core of the baptized to serve as ministers of evangelization in their parishes, dioceses, neighborhoods, workplaces, and homes***

Possible Strategies:

- formation of diocesan evangelization committees and offices;
- formation of evangelization teams in parishes;
- formation and support of national and regional schools of evangelization; and
- workshops and support groups for those involved in evangelization in a more explicit way.

112. ***To effectively invite people to our Church***

Possible Strategies on the National Level:

- careful input into the images that are projected about the Church through the media;
- recruitment of Catholics skilled in media to assist in this new imaging;
- care for the evangelizing dimension of every official church pronouncement; and
- development of national media campaigns that describe the Catholic Church.

Possible Strategies on the Local Level:

- mailings, home visits, and consistent invitation to people newly moving into parish areas;
- neighborhood publicity through newspapers and posters;

- llevar a cabo un censo en forma periódica;
- prestar servicio y mostrar compromiso con el vecindario;
- desarrollo de eventos comunitarios, parroquiales y locales, a los cuales se invite a personas en forma especial, ya sean invitaciones a casa abierta para todos, foros abiertos para debatir y escuchar preocupaciones y asuntos, eventos para las amistades o familias extendidas o cualquier otro programa de acogida; y
- mostrar mayor sensibilidad a las necesidades del que busca.

113. ***Diseñar programas para llegar a aquellos que han dejado de ser miembros activos en la Iglesia***

Posibles Estrategias:
- desarrollo de programas que ayuden a las personas a vivir la reconciliación;
- celebración renovada del sacramento de la reconciliación;
- programas para los divorciados, los separados y para aquellos que se sienten alejados de la Iglesia;
- encuestas profesionales de católicos inactivos;
- desarrollo de ministerios que resalten la misericordia y compasión de Dios; y
- misiones parroquiales.

114. ***Diseñar programas para llegar, en forma particular, a aquellos que no participan en la comunidad de la Iglesia o que buscan la plenitud de fe***

Posibles Estrategias:
- formación de métodos modernos innovadores de investigación en el periodo previo al catecumenado;
- programas de acogida y bienvenida, ya sea en las iglesias locales o en los hogares;
- investigación de nuevos ejemplos de la presencia católica en las ciudades, centros comerciales, tiendas, y otros lugares donde se congregan personas;
- visitas personales; y
- envío de material impreso a nivel regional.

115. ***Fomentar la diversidad cultural dentro de la unidad de la Iglesia***

Posibles Estrategias:
- revisión seria de las políticas diocesanas sobre la organización, liderazgo y potenciación de la parroquia a fin de asegurar que los recién llegados a estas tierras tengan un lugar dentro de la Iglesia;

- periodic taking of a census;
- involvement in and service to the neighborhood;
- development of neighborhood, parish, and local events to which people would be specially invited (e.g., open houses, open forums for airing questions and issues, events for friends or extended families, or other programs of welcoming); and
- greater sensitivity to the needs of the seeker.

113. ***To design programs of outreach for those who have ceased being active in the Church***

Possible Strategies:

- development of programs to help people experience reconciliation;
- renewed celebration of the Sacrament of Reconciliation;
- programs for the divorced and separated and for those who feel alienated from the Church;
- professional surveys of inactive Catholics;
- development of ministries that emphasize the mercy and compassion of God; and
- parish missions.

114. ***To design programs that reach out in particular ways to those who do not participate in a church community or who seek the fullness of faith***

Possible Strategies:

- formation of innovative methods of inquiry in the period before the catechumenate;
- programs of hospitality and welcome, at the local church or in homes;
- exploration of new forms of Catholic presence in cities, suburban malls, storefronts, and other places of congregation;
- personal visits; and
- regional mailings.

115. ***To foster cultural diversity within the unity of the Church***

Possible Strategies:

- serious review of diocesan policies about parish organization, leadership, and empowerment to ensure that newcomers to our land have a place in the Church;

- entrenamiento, en los idiomas extranjeros necesarios, para el clero y los agentes de pastoral;
- programas para inculcar un mayor entendimiento de la diversidad cultural;
- esfuerzos para ayudar a los inmigrantes a desarrollar sus propias estructuras sociales y religiosas, manteniendo siempre la unidad de la Iglesia; y
- celebraciones conjuntas de las diversas culturas representadas en nuestra parroquia, especialmente en los días de fiesta especiales, a fin de reflejar el componente católico de nuestras vidas.

116. ***Profundizar la participación ecuménica***

Posibles Estrategias:
- colaborar en forma esmerada con agencias ecuménicas a nivel local y estatal;
- estudiar en conjunto los diálogos cristianos y católicos romanos que sean pertinentes a evangelización, misión y proselitismo;
- llevar a cabo estudios de comprensión y entendimiento así como de planteamientos del judaísmo;
- desarrollar sensibilidades hacia las relaciones interreligiosas y hacia las enseñanzas católicas romanas sobre el diálogo y la proclamación;
- diálogar y compartir mutuo;
- estudiar en conjunto las Escrituras y proyectos de justicia social;
- compartir grupos de discusión y eventos sociales; y
- cuando sea apropiado, tener servicios de culto y oración en conjunto.

117. *Meta III: Fomentar los valores del Evangelio en nuestra sociedad, promoviendo la dignidad de la persona humana, la importancia de la familia y el bien común de nuestra sociedad, para que nuestra nación continúe siendo transformada por el poder salvífico de Jesucristo*

Esta meta sigue a las otras dos: la apreciación de nuestra fe y su diseminación redundarán en la transformación de nuestra sociedad. Sin embargo, la búsqueda de esta meta debe acompañar la búsqueda de las otras dos, ya que una evangelización no es posible sin poderosos signos de justicia y paz, al tiempo que el Evangelio moldea la estructura de nuestras vidas. La Iglesia Católica ha desarrollado una fuerte doctrina social que concierne al bien común –una tradición basada en el orden apropiado de la sociedad y en el apoyo a la dignidad inalienable de cada persona. En los Estados Unidos, esta tradición se ha cultivado bajo el amparo de la libertad religiosa, en la búsqueda de la justicia social –especialmente para aquellos que se encuentran fuera de la sociedad–, en políticas económicas justas, en una ética firme respecto a la vida humana, y en la lucha por la paz en un mundo con armas nucleares.

- training of clergy and ministers in needed foreign languages;
- programs to advance greater understanding of cultural diversity;
- efforts to help newcomers to our land to develop their own social and church structures (while ensuring the unity of the Church); and
- joint celebrations of the many cultures represented in our parishes, especially on great feast days, to reflect the Catholic scope of our lives.

116. ***To deepen ecumenical involvement***

Possible Strategies:
- careful collaboration with local and state ecumenical agencies;
- joint study of Roman Catholic and other Christian dialogues touching on evangelization, mission, and proselytism;
- study of Roman Catholic understandings of and approaches to Judaism;
- development of sensitivities to interreligious relationship and Roman Catholic teaching on dialogue and proclamation;
- mutual dialogue and sharing;
- joint scriptural study and social justice projects;
- shared discussion groups and socials; and
- joint services of prayer and devotion, where appropriate.

---

117. *Goal III: To foster gospel values in our society, promoting the dignity of the human person, the importance of the family, and the common good of our society, so that our nation may continue to be transformed by the saving power of Jesus Christ*

This goal follows upon the other two: the appreciation of our faith and its spread should lead to the transformation of our society. The pursuit of this goal, however, must accompany the pursuit of the other two because evangelization is not possible without powerful signs of justice and peace, as the Gospel shapes the framework of our lives. The Catholic Church has developed a strong social doctrine concerning the common good—a tradition based on the proper ordering of society and supporting the inalienable dignity of every person. In the United States, this tradition has been cultivated in the advocacy of religious liberty; the pursuit of social justice, especially for those left out of today's society; just economic policies; a consistent ethic of human life; and striving for peace in a nuclear world.

118. Esta meta significa dar apoyo a aquellos elementos culturales que reflejan los valores católicos en nuestra tierra y desafiar a aquellos que los rechazan. Los católicos, que hoy están involucrados en todos los niveles de la vida moderna en los Estados Unidos, tienen que lidiar con nuestra sociedad como sistema y también con cada situación en particular.

119. La transformación de nuestra sociedad en Cristo llama particularmente al compromiso y uso de habilidades de mujeres y hombres laicos, quienes llevan los valores del Evangelio a sus hogares, centros de trabajo, áreas de recreo –en fin, a todos los aspectos de la vida.[57]

120. Esta meta requiere de una estrategia para reenforzar nuestro compromiso diario con aquellos que se encuentran en necesidad, para reflejarla en los centros de trabajo y en los medios de comunicación, y para animar la participación católica en el campo de las políticas gubernamentales a fin de tener mayor impacto en los valores de la sociedad.

La tercera meta comprende los siguientes objetivos:

121. ***Involucrar a las parroquias y a los grupos de servicio locales en las necesidades de su vencindario***

Posibles Estrategias:

- concientizar a los católicos sobre las necesidades del pobre y del marginado;
- hacer que las labores de justicia y amor sean prioritarias en nuestras parroquias y otras agencias;
- organizar el servicio de casi todos los católicos en estas labores;
- comprometerse con las agencias ecuménicas que se dedican al bien común;
- incrementar las labores de caridad y ayuda al necesitado; y
- fijar metas específicas para el compromiso parroquial y diocesano en las labores de servicio a fin de enfrentar las necesidades humanas inmediatas.

122. ***Fomentar la importancia de la familia***

Posibles Estrategias:

- preparación para el matrimonio y apoyo a parejas casadas jóvenes;
- retiros familiares y otras experiencias religiosas;
- asesoramiento espiritual, personal, social y financiero a familias;
- compartir la fe entre parejas;
- grupos y sistemas de apoyo para familias; e
- influencia en políticas sociales a fin de fortalecer la vida familiar.

118. This goal means supporting those cultural elements in our land that reflect Catholic values and challenging those that reject it. Catholics, who today are involved in every level of modern life in the United States, have to address our society as a system and also in particular situations.

119. The transformation of our society in Christ particularly calls for the involvement and skills of lay men and women who carry the values of the Gospel into their homes, workplaces, areas of recreation—indeed, into all aspects of life.[57]

120. This goal requires the strategy of strengthening our everyday involvement with those in need, of reflecting on the workplace and media, and of encouraging Catholic involvement in areas of public policy as a way of having greater impact on society's values.

Goal III entails the following objectives:

121. ***To involve parishes and local service groups in the needs of their neighborhood***

Possible Strategies:

- raising of awareness of Catholics of the needs of the poor and marginal;
- prioritization of works of justice and love in our parishes and other agencies;
- organization of the service of almost every Catholic in these works;
- engagement in ecumenical agencies committed to the common good;
- expansion of works of charity and help for the needy; and
- setting of specific targets for parish or diocesan involvement in works of service to meet immediate human needs.

122. ***To foster the importance of the family***

Possible Strategies:

- marriage preparation and support for young married couples;
- family retreats and other religious experiences;
- spiritual, personal, social, and financial counseling for families;
- couple-to-couple faith sharing;
- support groups and networking for families; and
- influencing of social policy to strengthen family life.

123. ***Desarrollar grupos para explorar temas sobre el lugar de trabajo y la espiritualidad laica***

Posibles Estrategias:

- talleres sobre la evangelización en el centro de trabajo;
- grupos de apoyo para los profesionales;
- retiros sobre el valor del trabajo y los temas éticos/de justicia asociados con el trabajo; y
- días de renovación organizados por y para laicos.

124. ***Animar el testimonio católico en las artes y en la comunidad intelectual estadounidense***

Posibles Estrategias:

- desarrollo de las artes como un medio para proclamar el Evangelio;
- formación de grupos de apoyo en la fe para artistas;
- promoción de los valores del Evangelio en instituciones católicas de enseñanza superior; y
- apoyo de la pastoral universitaria en su testimonio cristiano a instituciones de enseñanza superior.

125. ***Involucrar a todo católico, a diferentes niveles, en los campos de las políticas gubernamentales***

Posibles Estrategias:

- programas de educación parroquial que incluyan el componente de la justicia social;
- estudio e instrucción sobre las opciones políticas de los católicos;
- campañas para el registro de votantes;
- grupos de apoyo para profesionales católicos y otros profesionales cristianos, especialmente en el campo del derecho, la economía y los servicios sociales; y
- animando a personas laicas a que se postulen y mantengan puestos públicos.

126. ***Involucrar a la Iglesia católica, a todo nivel, en los medios de comunicación***

Posibles Estrategias:

- desarrollo de proyectos de evangelización a través de los medios de comunicación, a nivel nacional, local y parroquial;
- utilización del audio y del vídeo para comunicar la fe católica a otros;

123. ***To develop groups to explore issues of the workplace and lay spirituality***

Possible Strategies:
- workshops on evangelization in the workplace;
- support groups for professionals;
- retreats on the value of work and the ethical/justice issues associated with employment; and
- renewal days organized by and for lay people.

124. ***To encourage Catholic witness in the arts and in the American intellectual community***

Possible Strategies:
- development of the arts as a way to proclaim the Gospel;
- formation of faith support groups for artists;
- promotion of gospel values in Catholic institutions of higher learning; and
- support of campus ministries in their Christian witness to institutions of higher learning.

125. ***To involve every Catholic, on different levels, in areas of public policy***

Possible Strategies:
- parish education programs with a social justice component;
- study and education about political choices that Catholics make;
- voter registration drives;
- support groups for professional Catholics and other Christians, particularly in areas of law, economics, and social services; and
- encouragement of lay people to run for and hold public office.

126. ***To involve the Catholic Church, on every level, in the media***

Possible Strategies:
- development of media plans for evangelization on the national, local, and parochial levels;
- use of audio, video, and videotapes to communicate the Catholic faith to others;

- reflexión sobre el uso que hacen de los medios de comunicación los católicos, en sus hogares, centros de trabajo y ambientes educativos;
- formación de grupos de trabajo de católicos y otros cristianos involucrados en comunicaciones en diferentes regiones, para discutir cuestiones de valores en los medios de comunicación y el impacto que la gente cristiana pueda tener en ellos;
- la participación de obispos y otros líderes religiosos como portavoces públicos de la Iglesia a través de la prensa escrita y los medios de radiodifusión; y
- desarrollo de la televisión por cable, los archivos ópticos, la computación y otras tecnologías para comunicar los valores cristianos y del Evangelio.

127. ***Involucrar a católicos, a todos los niveles, en cuestiones de sistemas económicos***

Posibles Estrategias:
- utilización de recursos profesionales en las parroquias y en las diócesis a fin de discutir cuestiones relacionadas con sistemas económicos y sus consecuencias sobre temas primordiales de justicia, especialmente en lo que se refiere a los desamparados, las desigualidades sociales, las oportunidades educativas, la vivienda y el trabajo y la igualdad racial; y
- formación de ministerios para lidiar con prácticas y sistemas económicos injustos.

Una Invitación

128. En una de las primeras historias de Jesús, lo encontramos caminando a lo largo de la orilla del mar, cuando ve a dos personas, y luego a otras dos, todas ellas trabajando como pescadores. "Vengan conmigo", les dice. Y, al seguir a Jesús, sus vidas se convierten en parte de esa historia de salvación.[58]

129. Nosotros ofrecemos a los católicos de los Estados Unidos la misma invitación de Jesús: ¡vengan y sígannos! Vengan, escuchen como el Señor nos llama a cada uno, vengan, sigan al Maestro que nos hace sus discípulos. Vengan, sean parte de la historia de salvación.

130. Nuestra invitación pide que cada creyente descubra las maneras en que pueda llevar a cabo este plan en todas las formas apropiadas –en lo personal, dentro de la familia, en su vecindario y parroquia o como parte de una organización más grande.

- reflection on Catholics' use of the media in their homes, workplaces, and educational settings;
- formation of task forces of Catholics and other Christians involved in communications in various regions to discuss questions of values in the media and the impact Christian people can have on them;
- involvement of bishops and other religious leaders as public spokespersons of the Church through local print and broadcast media; and
- cultivation of cable television, optical storage, computer, and other technology for communicating the Gospel and Christian values.

127. ***To involve Catholics, at every level, in questions of economic systems***

Possible Strategies:
- use of professional resources in the parish and diocese to raise questions about economic systems and their consequences concerning the dominant issues of justice, particularly homelessness, social inequities, educational opportunities, housing and employment, and racial equality; and
- formation of ministries to deal with unjust economic systems and practices.

An Invitation

128. One of the earliest stories of Jesus finds him walking along the shore; he sees two people, and then two others, all of them working as fishermen. "Come after me," he says. And, once they followed the Christ, their lives became part of the story of salvation.[58]

129. We offer the Catholics of the United States the same invitation as Jesus: Come and follow! Come, hear the Lord calling each one of us; come, follow the Teacher who makes us his disciples. Come, be part of the story of salvation.

130. Our invitation asks every believer to discover ways that he or she can realize this plan in every way appropriate—personally, in the family, in the neighborhood and parish, or as part of a larger organization.

131. Haga realidad las metas de este plan. Descubra cómo el Espíritu lo guía en la evangelización. Busque cómo éste puede reformar nuestras parroquias y nuestras instituciones. El hacer esto requiere hacer preguntas y buscar, descubrir y tomar decisiones. Pero, más que nada, requiere mucha fe. Oremos para que el Espíritu Santo de Dios nos dé a los católicos de esta nación la calidad de fe que se necesita para empezar a evangelizar seriamente.

132. Le invitamos a usted: Haga *suyo* este plan.

Estructuras para la Implementación

133. Ya que este plan involucra a cada uno de nosotros, nosotros los obispos nos comprometemos, antes que nada, a ejecutarlo nosotros mismos. Nos comprometemos, como pastores del pueblo de Dios, a proclamar la Buena Nueva de Jesucristo a través de la bienvenida, la misericordia y la renovación. Nos comprometemos a seguir siendo evangelizados por el Evangelio de Jesús cuando lo encontramos en nuestro pueblo y en los desafíos del mundo contemporáneo.

> DESCUBRA CÓMO EL ESPÍRITU LO GUÍA EN LA EVANGELIZACIÓN. . . . OREMOS PARA QUE EL ESPÍRITU SANTO DE DIOS NOS DÉ A LOS CATÓLICOS DE ESTA NACIÓN LA CALIDAD DE FE QUE SE NECESITA PARA EMPEZAR A EVANGELIZAR SERIAMENTE.

134. Nos comprometemos a contratar personal, a tiempo completo, para que se encargue de la evangelización dentro de la United States Conference of Catholic Bishops, en Washington, DC, para ayudar a las diócesis y otras agencias eclesiales, a fin de alcanzar las metas de este Plan y Estrategia. En nuestra calidad de pastores de iglesias locales, entendemos bien que tanto los individuos como las parroquias necesitan de apoyo a nivel diocesano. Cada obispo deberá considerar seriamente la creación de una oficina diocesana y de un comité de evangelización. De no ser así, deberá asignar personal para que se ocupe del ministerio de evangelización, dándole atención y visibilidad apropiadas y ofreciendo recursos para la evangelización de sus fieles. Las parroquias acudirán a estas oficinas para obtener guía y materiales.

135. Trabajaremos juntos con nuestros hermanos sacerdotes y líderes parroquiales a fin de formular los planes y estrategias en las iglesias locales, las cuales sacarán adelante nuestro ministerio común de evangelización.

131. Make the goals of this plan real. Discover how the Spirit is leading you to evangelize. Search out how it can reshape our parishes and our institutions. To do this takes questioning and searching, discovery and decision. But, most of all, it takes faith. Pray that God's Holy Spirit will give Catholics in this nation the kind of faith needed to begin evangelizing seriously.

132. We invite you: Make this plan *your* plan.

Structures for Implementation

133. Because this plan must involve every one of us, we bishops first of all pledge to implement it ourselves. We pledge, as shepherds of God's people, to proclaim the Good News of Jesus Christ through welcome, mercy, and renewal. We pledge to continue being evangelized by the Gospel of Jesus as we meet him in our people and in the challenges of today's world.

134. We commit ourselves to adding new full-time staff for evangelization at the United States Conference of Catholic Bishops in Washington, DC, to help dioceses and other church agencies carry out the goals of this plan and strategy. As pastors of local churches, we realize that individuals and parishes also need support at the diocesan level. Each bishop will seriously consider establishing a diocesan office and an evangelization committee or otherwise assign staff to give the ministry of evangelization proper visibility and attention, as well as provide resources for evangelization to his people. Parishes will be looking to these offices for direction and materials.

DISCOVER HOW THE SPIRIT IS LEADING YOU TO EVANGELIZE. . . . PRAY THAT GOD'S HOLY SPIRIT WILL GIVE CATHOLICS IN THIS NATION THE KIND OF FAITH NEEDED TO BEGIN EVANGELIZING SERIOUSLY.

135. We will work together with our brother priests and parish leaders to formulate plans and strategies in the local churches that will carry forward our common ministry of evangelization.

136. Los obispos deben aprovechar cada ocasión para hablar sobre la necesidad y obligación de cada católico de ser evangelizador. Ya que necesitamos de la ayuda de todos para llevar adelante este plan, pedimos a nuestras hermanas y hermanos católicos que nos apoyen en la siguiente manera:

A. Cada persona católica debe mirar su vida individual desde el punto de vista de la evangelización. Tome nota de las muchas oportunidades que existen para apoyarse mutuamente en la fe, para compartir la fe y para ayudarnos a construir el Reino de Jesús en nuestros hogares y centros de trabajo, entre nuestros vecinos y amigos. Los católicos deberán participar en programas de renovación y recibir entrenamiento en evangelización.

B. Las familias deberán encontrar formas de realzar la fe que es parte de la vida diaria, hasta que cada unidad familiar se conozca a sí misma como una "iglesia doméstica", viviendo y compartiendo la fe. Si cada hogar vive una fe vibrante, los miembros naturalmente tratarán de llegar a sus amigos y vecinos, haciéndoles conocer la fe en Cristo Jesús a través de sus vidas. Se invita a los hogares a que vean las dinámicas de bienvenida, de participación, de atención y de aliento como dinámicas de evangelización. Las familias, ya sea en forma individual o juntas, deberán leer este plan con miras a que las ayude tanto a apreciar como a revitalizar la práctica de la fe dentro de la familia y del vecindario.

C. Las parroquias, como parte de su proceso normal de planificación, necesitan revisar sus actividades bajo la luz de este plan. Deberán pensar en qué forma podrán darle un enfoque evangelizador más claro a su ministerio actual y cómo pueden formar nuevos ministerios con el fin de alcanzar las metas de este plan. Cada parroquia deberá contar con un equipo de evangelización entrenado y preparado para ayudar a la parroquia entera a implementar las metas y objetivos de este plan. Estos equipos ayudarían a católicos con un entrenamiento en evangelización y proveerían de recursos a individuos, familias, y grupos parroquiales. Las parroquias inclusive podrían considerar el asignar a una persona entrenada como coordinadora de evangelización a tiempo completo.

136. Bishops should take every occasion to speak out on the need and duty of every Catholic to be an evangelizer. Because we need everyone's help to implement this plan, we ask our brother and sister Catholics to support us in the following ways:

A. Each individual Catholic is to look at his or her everyday life from the viewpoint of evangelization. Take note of the many opportunities to support another's faith, to share faith, and to help build up Jesus' kingdom in our homes and workplaces, among our neighbors and friends. Catholics should participate in renewal programs and receive training in evangelization.

B. Families must find ways to highlight the faith that is part of their daily life, until each family unit knows itself as a "domestic church" living and sharing faith. If each household lived a vibrant faith, the members would more naturally reach out to their friends and neighbors, introducing them by their lives to the faith of Christ Jesus. Households are invited to see the dynamics of welcoming, sharing, caring, and nourishing as dynamics of evangelization. Families, individually or together, should read this plan with a view to helping them both appreciate and revitalize the practice of faith in the family and in the neighborhood.

C. Parishes, as part of their regular planning process, need to examine their activities in light of this plan. They should consider how to give their present ministry a clearer evangelizing focus and how new ministries might be formed to achieve the goals of this plan. Each parish should have an evangelization team trained and prepared to help the whole parish implement the goals and objectives of this plan. These teams could help train Catholics in evangelization and provide resources to individuals, families, and parish groups. Parishes might even consider designating a trained person as a full-time coordinator of evangelization.

Pedimos a los líderes de las parroquias, en forma especial a los pastores que tienen una posición crucial de liderazgo, que entiendan su ministerio en términos de este plan. Nos comprometemos a apoyar a los párrocos en la implementación de este plan por medio de reuniones especiales para escuchar sus preocupaciones, evaluar sus necesidades y atender sus asuntos. Reconocemos cuán agobiado se encuentra el liderazgo parroquial de hoy; por eso, nuestra esperanza es que este plan sirva para poner en claro el propósito del liderazgo parroquial y, por ende, alivie lo recargado de las labores del párroco.

D. Las instituciones católicas también deberán revisar sus metas a la luz de este plan. Deberán revisar, a través de los servicios que ofrecen, las maneras en las cuales se refleje la Buena Nueva de Jesús. Los colegios y hospitales necesitan revisar en qué forma su personal recibe y trata a la gente ya que, a veces, éstas son las únicas caras de la Iglesia que las personas ven. Se debe revisar e investigar las formas en las cuales las personas pueden ser invitadas a conocer la Iglesia y a Jesús. Empezando por la manera en la cual acogemos, hacemos partícipe y servimos a las personas, todas las instituciones católicas deben ser signo del Reino de Cristo. Los católicos gozamos de una buena reputación de responder a las necesidades humanas más básicas; junto con esto, ¿no deberíamos también gozar de una buena reputación por compartir nuestra fe católica?

E. Las organizaciones a nivel local, diocesano y nacional necesitan renovar su propia misión con miras a la evangelización. Millones de católicos pertenecen a organizaciones católicas; el formar parte de ellas les puede llevar a una búsqueda más amplia de metas católicas. ¿No podría nuestro plan encontrar eco dentro de las metas de su organización? Su apoyo, tanto a nivel local como a nivel nacional, sería de gran utilidad para la Iglesia.

We ask parish leadership, especially pastors who have a critical leadership role, to understand their ministry in terms of this plan. We commit ourselves to support pastors in the implementation of this plan by special gatherings to hear their concerns, assess their needs, and address their issues. We recognize how burdened parish leadership is today; our hope is that this plan can actually clarify the purpose of parish leadership and thereby ease the burdens of already busy pastors.

D. Catholic institutions are also to review their goals in light of this plan. They should review the ways they can, through the services they provide, reflect the Good News of Jesus. Schools and hospitals, often the only face of the Church some people see, need to look at how their staffs welcome and treat people. Ways in which people can be invited to know Jesus and the Church through these institutions should be constantly explored and reviewed. From our manner of welcoming, enlisting, and serving people, all Catholic institutions should be signs of the kingdom of Christ. Catholics enjoy a tremendous reputation in serving the most basic human needs; along with that, should we not also enjoy a reputation for sharing our Catholic faith?

E. Local, diocesan, and national organizations need to renew their own mission with a view to evangelization. Millions of Catholics belong to Catholic organizations; their membership can lead them to a greater pursuit of Catholic goals. Cannot the goals of our plan find an echo in the goals of your organization? Your support, both nationally and locally, will be a tremendous asset to the Church.

Oración Final

137. Al presentar este plan a nuestras hermanas y hermanos católicos en los Estados Unidos, oramos para que, a través del Espíritu Santo, traiga renovación a nuestra Iglesia y una vida nueva a todos los que buscan a Dios. Mientras desarrollábamos este plan y estragegia, hemos sentido el hambre de nuestra nación por Dios y por el Evangelio de Jesús. Esperamos que al mismo tiempo que este plan sea leído, estudiado y ejecutado, sirva de ayuda a todos los católicos para que conozcan el hambre de la fe en la sociedad de hoy.

138. Oramos para que nuestro pueblo católico se encienda con el deseo de vivir su fe plenamente y de compartirla libremente con otros. Que su entusiasta deseo de compartir la fe sea también portador de una transformación de nuestra nación y, con una dedicación misionera, de la del mundo entero. Rogamos a Dios que abra el corazón de todos los católicos a fin de percibir la necesidad del Evangelio en nuestra vida, en nuestra nación y en nuestro planeta.

139. Pedimos a María, que trajo a Jesús a nuestro mundo, que nos guíe en nuestra misión de presentar a Jesús a todos los que viven en nuestra tierra. Que sus oraciones nos sirvan para compartir su valor y fidelidad. Que nos lleven a imitar su discipulado, el ir hacia Jesús, y su amor por Dios y por todos. Que la compasión que María ha mostrado siempre, esté presente en nuestros corazones.

140. También pedimos, como los discípulos que caminaban esa mañana de Pascua a Emaús, que todos los católicos sientan sus corazones arder a través de la presencia de Jesús.[59] Así como esos dos discípulos sintieron la presencia de Jesús en su camino, pedimos que el ministerio de la evangelización ayude a los creyentes a sentir la presencia renovada de Jesús, y ayude a otros a descubrir su misericordiosa presencia.

141. Oramos para que ese fuego encendido en nosotros, por medio del Espíritu de Dios, guíe a más y más personas en nuestro país a ser discípulos, formados en la imagen de Cristo, nuestro Salvador.

A Concluding Prayer

137. As we present this plan to our brother and sister Catholics in the United States, we pray that, through the Holy Spirit, it may be a means of bringing renewal to our Church and new life to all who search for God. We have felt the hunger of our nation for God and the Gospel of Jesus as we have developed this plan and strategy. As this plan is read, studied, and implemented, may it help all Catholics know the hunger for faith in today's society.

138. We pray that our Catholic people will be set ablaze with a desire to live their faith fully and share it freely with others. May their eagerness to share the faith bring a transformation to our nation and, with missionary dedication, even to the whole world. We ask God to open the heart of every Catholic, to see the need for the Gospel in each life, in our nation and on our planet.

139. We ask Mary, the one through whom Jesus entered our world, to guide us in presenting Jesus to those who live in our land. May her prayers help us to share in her courage and faithfulness. May they lead us to imitate her discipleship, her turning to Jesus, her love for God and for all. May the compassion that Mary has always reflected be present in our hearts.

140. We also pray that, like the disciples walking that Easter morning to Emmaus, all Catholics may feel their hearts burning through the presence of Jesus.[59] As those two disciples felt the presence of Jesus in their journey, we ask that the ministry of evangelizing help believers feel anew the presence of Jesus and that it help others discover his gracious presence.

141. We pray that the fire of Jesus enkindled in us by God's Spirit may lead more and more people in our land to become disciples, formed in the image of Christ our Savior.

RECURSOS

Documentos de la Iglesia Sobre Evangelización

Celebrando "A los Confines de la Tierra" (Washington, DC: United States Conference of Catholic Bishops, 1996).

Here I Am, Send Me: A Conference Response to the Evangelization of African Americans and "The National Black Catholic Pastoral Plan" (Washington, DC: United States Conference of Catholic Bishops, 1990).

El Plan Pastoral Nacional para el Ministerio Hispano (Washington, DC: United States Conference of Catholic Bishops, 1987). En *Hispanic Ministry: Three Major Documents* (Washington, DC: United States Conference of Catholic Bishops, 1995).

La Evangelización en el Mundo Contemporáneo, Papa Pablo VI (Washington, DC: United States Conference of Catholic Bishops, 1975).

La Misión de Cristo Redentor: Sobre la Permanente Validez del Mandato Misionero, Papa Juan Pablo II (Washington, DC: United States Conference of Catholic Bishops, 1991).

Otros Documentos de la Iglesia

La Catecismo de la Iglesia Católica (Washington, DC: United States Conference of Catholic Bishops, 2000).

"Dialogue and Proclamation: Reflections and Orientations on Interreligious Dialogue and the Proclamation of the Gospel of Jesus Christ", *Origins* 21:8 (4 de julio, 1991).

A Family Perspective in Church and Society: A Manual for All Pastoral Leaders (Washington, DC: United States Conference of Catholic Bishops, 1988).

Families at the Center: A Handbook for Parish Ministry with a Family Perspective (Washington, DC: United States Conference of Catholic Bishops, 1988).

Resources

Church Documents on Evangelization

Celebrating to the Ends of the Earth: An Anniversary Statement on World Mission (Washington, DC: United States Conference of Catholic Bishops, 1996).

Here I Am, Send Me: A Conference Response to the Evangelization of African Americans and "The National Black Catholic Pastoral Plan" (Washington, DC: United States Conference of Catholic Bishops, 1990).

National Pastoral Plan for Hispanic Ministry (Washington, DC: United States Conference of Catholic Bishops, 1987). In *Hispanic Ministry: Three Major Documents* (Washington, DC: United States Conference of Catholic Bishops, 1995).

On Evangelization in the Modern World, Apostolic Exhortation of Paul VI (Washington, DC: United States Conference of Catholic Bishops, 1975).

On the Permanent Validity of the Church's Missionary Mandate, Encyclical Letter of John Paul II (Washington, DC: United States Conference of Catholic Bishops, 1991).

Other Church Documents

Catechism of the Catholic Church, 2nd. ed. (Washington, DC: United States Conference of Catholic Bishops, 2000).

"Dialogue and Proclamation: Reflections and Orientations on Interreligious Dialogue and the Proclamation of the Gospel of Jesus Christ," *Origins* 21:8 (July 4, 1991).

Families at the Center: A Handbook for Parish Ministry with a Family Perspective (Washington, DC: United States Conference of Catholic Bishops, 1988).

A Family Perspective in Church and Society: A Manual for All Pastoral Leaders (Washington, DC: United States Conference of Catholic Bishops, 1988).

God's Mercy Endures Forever: Guidelines on the Presentation of Jews and Judaism in Catholic Preaching (Washington, DC: United States Conference of Catholic Bishops, 1988).

On the Family (Familiaris Consortio), Papa Juan Pablo II (Washington, DC: United States Conference of Catholic Bishops, 1981).

Pastoral Statement of the U.S. Catholic Bishops on Persons with Disabilities (Washington, DC: United States Conference of Catholic Bishops, 2001).

Rito de Iniciación Cristiana para Adultos, Texto de Estudio, Comité de Liturgia (Washington, DC: United States Conference of Catholic Bishops, 1988).

Tenth Anniversary Edition of "Economic Justice for All" (Washington, DC: United States Conference of Catholic Bishops, 1997).

La Vocación y Misión de los Fieles Laicos en la Iglesia y en el Mundo (Christifideles Laici), Papa Juan Pablo II (Washington, DC: United States Conference of Catholic Bishops, 1989).

God's Mercy Endures Forever: Guidelines on the Presentation of Jews and Judaism in Catholic Preaching (Washington, DC: United States Conference of Catholic Bishops, 1988).

Journey to the Fullness of Life (Washington, DC: United States Conference of Catholic Bishops, 2000).

On the Family, Apostolic Exhortation of John Paul II (Washington, DC: United States Conference of Catholic Bishops, 1981).

Pastoral Statement of the U.S. Catholic Bishops on Persons with Disabilities (Washington, DC: United States Conference of Catholic Bishops, 2001).

The Rite of Christian Initiation of Adults (Washington, DC: United States Conference of Catholic Bishops, 1988).

Tenth Anniversary Edition of "Economic Justice for All" (Washington, DC: United States Conference of Catholic Bishops, 1997).

The Vocation and the Mission of the Lay Faithful in the Church and in the World, Post-Synodal Apostolic Exhortation of John Paul II (Washington, DC: United States Conference of Catholic Bishops, 1989).

Notas

1. Marcos 10:46-51.
2. Lucas 7:2-9.
3. Juan 4:7-42.
4. Lucas 10:38-42; Juan 11:1-45.
5. *La Evangelización en el Mundo Contemporáneo* (*Evangelii Nuntiandi*), N° 14.
6. Ibíd., N° 18.
7. Ibíd., N°. 22.
8. Mateo 5:13.
9. Romanos 5:12-21.
10. *La Misión de Cristo Redentor: Sobre la Permanente Validez del Mandato Misionero* (*Redemptoris Missio*), N° 33.
11. *La Evangelización en el Mundo Contemporáneo*, N° 24.
12. Mateo 28:20.
13. Mateo 25:40.
14. Hechos 9:5.
15. Mateo 28:18-20.
16. Juan 1:1; 1:14.
17. Hebreos 1:3.
18. 1 Corintios 1:24.
19. Filipenses 2:7.
20. Filipenses 2:8-9.
21. Juan 14:6.
22. Juan 14:10.
23. Lucas 10:21.
24. Juan 17:21.
25. *La Misión de Cristo Redentor*, N° 9.
26. Ibíd.
27. Lucas 5:6.
28. Lucas 6:38.
29. Mateo 23:37.
30. Hechos 1:8.
31. Juan 20:22.
32. *La Evangelización en el Mundo Contemporáneo*, N° 75.
33. Sofonías 3:9; Isaías 66:23; Salmo 65:4; Romanos 11:11-32.
34. *La Evangelización en el Mundo Contemporáneo*, N° 19.
35. *En el Centenario de la "Rerum Novarum"* (*Centesimus Annus*), N° 5.
36. *Constitución Dogmática sobre la Iglesia* (*Lumen Gentium*), N° 1.
37. *La Vocación y Misión de los Fieles Laicos en la Iglesia y en el Mundo* (*Christifideles Laici*), N° 17 y 34.

NOTES

1. Mark 10:46-52.
2. Luke 7:2-9.
3. John 4:7-42.
4. Luke 10:38-42; John 11:1-45.
5. *On Evangelization in the Modern World* (*Evangelii Nuntiandi*), no. 14.
6. Ibid., no. 18.
7. Ibid., no. 22.
8. Matthew 5:13.
9. Romans 5:12-21.
10. *On the Permanent Validity of the Church's Missionary Mandate* (*Redemptoris Missio*), no. 33.
11. *On Evangelization in the Modern World*, no. 24.
12. Matthew 28:20.
13. Matthew 25:40.
14. Acts 9:5.
15. Matthew 28:18-20.
16. John 1:1; 1:14.
17. Hebrews 1:3.
18. 1 Corinthians 1:24.
19. Philippians 2:7.
20. Philippians 2:8-9.
21. John 14:6.
22. John 14:10.
23. Luke 10:21.
24. John 17:21.
25. *On the Permanent Validity of the Church's Missionary Mandate*, no. 9.
26. Ibid.
27. Luke 5:6.
28. Luke 6:38.
29. Matthew 23:37.
30. Acts 1:8.
31. John 20:22.
32. *On Evangelization in the Modern World*, no. 75.
33. Zephaniah 3:9; Isaiah 66:23; Psalm 65:4; Romans 11:11-32.
34. *On Evangelization in the Modern World*, no. 19.
35. *On the Hundredth Anniversary of "Rerum Novarum"* (*Centesimus Annus*), no. 5.
36. *Dogmatic Constitution on the Church* (*Lumen Gentium*), no. 1.
37. *On the Vocation and Mission of the Lay Faithful in the Church and in the World* (*Christifideles Laici*), nos. 17 and 34.

38. *La Misión de Cristo Redentor*, N° 3.
39. *El Plan Pastoral Nacional para el Ministerio Hispano* (Washington, DC: United States Conference of Catholic Bishops, 1987).
40. *Here I Am, Send Me: A Conference Response to the Evangelization of African Americans and the "National Black Catholic Pastoral Plan"* (Washington, DC: United States Conference of Catholic Bishops, 1990).
41. *Herencia y Esperanza: Evangelización en los Estados Unidos* (Washington, DC: United States Conference of Catholic Bishops, 1991).
42. Cf. Mateo 3:13-17; Juan 1:29-34.
43. Marcos 1:12.
44. Cf. Romanos 6:3-4.
45. Hechos 2:1-4.
46. Lucas 1:26-38.
47. Mateo 16:13-19.
48. Marcos 14:66-72.
49. Hechos 2:14ff.
50. Juan 21:18-19.
51. Hechos 2:1-14.
52. Mateo 7:11.
53. Mateo 7:7-8.
54. *La Evangelización en el Mundo Contemporáneo*, N° 60.
55. *Constitución Dogmática sobre la Iglesia*, N° 40.
56. 1 Corintios 15:28.
57. *La Evangelización en el Mundo Contemporáneo*, N° 70-73; y *La Vocación y Misión de los Fieles Laicos en la Iglesia y en el Mundo*, N° 15.
58. Marcos 1:14-20.
59. Lucas 24:13-35.

38. *On the Permanent Validity of the Church's Missionary Mandate*, no. 3.
39. *National Pastoral Plan for Hispanic Ministry* (Washington, DC: United States Conference of Catholic Bishops, 1988).
40. *Here I Am, Send Me: A Conference Response to the Evangelization of African Americans and "The National Black Catholic Pastoral Plan"* (Washington, DC: United States Conference of Catholic Bishops, 1988).
41. *Heritage and Hope: Evangelization in the United States* (Washington, DC: United States Conference of Catholic Bishops, 1991).
42. Cf. Matthew 3:13-17; John 1:29-34.
43. Mark 1:12.
44. Cf. Romans 6:3-4.
45. Acts 2:1-4.
46. Luke 1:26-38.
47. Matthew 16:13-19.
48. Mark 14:66-72.
49. Acts 2:14ff.
50. John 21:18-19.
51. Acts 2:1-14.
52. Matthew 7:11.
53. Matthew 7:7-8.
54. *On Evangelization in the Modern World*, no. 60.
55. *Dogmatic Constitution on the Church*, no. 40.
56. 1 Corinthians 15:28.
57. *On Evangelization in the Modern World*, nos. 70-73; *On the Vocation and Mission of the Lay Faithful in the Church and in the World*, no. 15.
58. Mark 1:14-20.
59. Luke 24:13-35.